プロジェクト型保育の実践研究

協同的学びを実現するために

角尾和子 編著

北大路書房

はじめに

　今，日本の乳幼児教育は転換期にある。そのことに異論をもたれる方は少ないと思われる。が，ではそのような状況において，われわれ乳幼児教育に携わる者は，どのようなことに取り組めばよいのだろうか？　それに関して本書では，これまで長年にわたり乳幼児教育の現場に関わってきた者として，われわれの実践研究を元にした提言を行ないたいと思う。具体的には各章をお読みいただきたいが，編者として，今の乳幼児教育のおかれている状況についての認識も交えつつ，本書のもつ意味や特徴を以下に記してみる。

■本書発刊の意図―改革は保育実践研究から―

　日本の教育界は今，制度の改革，質の改善に向けて急速に進もうとしている。乳幼児教育・保育ももちろん例外ではない。政策・制度の上から幼・保の一体化，幼・保・小の連続的運営等かねてから指摘されてきたとはいえさまざまな課題が先行している状況である。そのようななか教育事情は混迷をきわめており，制度を変え理想を説くだけでは改革は進まない。

　現状改善の必要は急務であり，これを自覚した保育の実践者が手を繋ぎ，日々の実践を積み重ねてこそ改善は実現する。改善の方策は他人が授けてくれたり，制度が決めたりするものではない。保育実践者一人ひとりが日々改善の努力を実践研究しつつ達成しなければならない。

　本書第1部では，保育者が子どもたちの興味・関心の在りかを見つけ，子どもとともに探求する保育を「プロジェクト型保育」と位置づけ，実践しつつ研究したものをまとめた。この保育実践研究の手応えは子どもの満足した笑顔に現われ，そのとき保育者は保育のコツを会得する。

■新しくもあり，また古くもある「プロジェクト型保育」

　新しくは中教審・幼児教育部会（2003.12.1）で「共通の目的やイメージをもって創出していく協同的な遊び・活動の経験（プロジェクト型活動）」が幼稚園年長に提案された。次いで，審議会答申「今後の幼児教育のあり方」（2005.1.28）に「協同的な学び」を「幼児同士で，長い時間を掛けて実現してみたいことを考え，その願いを目指して，互いに協力して進めようとする。互いの意思の衝突や実現の困難を乗り越え，先の見通しを可能にしつつ，達成していく。教師は，葛藤を乗り越え，協同的に意味を創造できるよう援助」と述べ幼小連携・接続の改善を示唆した。以上が幼稚園教育要領改訂に際して提唱された「プロジェクト型の保育」「協同的な学び」である。今後「幼稚園教育要領（2009.4）」の実施に伴い，幼稚園等の施設における教育の努力目標になり，小学校の総合的学習の充実に続くものになると予想される。

ii ── はじめに

　一方，古くは子どもたちがより深く探求していく活動は，1950 年代ころからその記録が残されている。日本では森川正雄氏（1924）が「幼稚園の理論と実際」において，諸種の主義・方法を比較し「プロジェクト法の根本原則は一定の目的と計画の下に，有機的に結合せられた実際上の事実を問題とし，子どもたちに解決させる」と述べ「幼稚園にも適用して効あり」と唱道している。

■世界に提唱されている「プロジェクト型保育」
　また本書では，レッジョ・エミリアの保育のほか，テーマ保育，プロジェクト・アプローチについて，第 2 部に論考そして巻末に資料を収載した。これらはプロジェクト型保育について学ぼうとする人，およびこれから研究しようとする人にとって，すぐに役立つものであると思われる。

■プロジェクト型の保育の実践はむずかしい
　ところで古くから唱道され，今また取り入れられようとする「プロジェクト型の保育」は，まだ広くは行われてはいない。なぜだろうか？　編者自身の経験を述べると，1960 年代後半，勤務校・園の「新教育カリキュラム研究」に参加し倉沢剛氏（1950）の「単元論」などを参考に単元/単元外の活動や，主題活動/題材活動など，保育内容を分けてカリキュラムを作成し実践的に研究したが，苦心した割には成功しなかった。それについて振り返えると，反省すべき点が思い浮かぶ。具体的には，「保育の目標・内容を単元/単元外，主題/題材に振り分け，いずれの目標・内容（当時は事項とよんだ）も，どの子にも達成させるべきである」と自分自身を縛っていたことである。「いずれも」と「どの子にも」が反省点である。現在は，この目標に関して「プロジェクト型の保育」「協同的な学び」では，「幼児各自が獲得する技能・知識はそれぞれに異なるものである」との前提に立ち，どの子にも一斉画一的に達成させるものではない，と考えている。

■「教師の構えの違い」を導入した
　第 3 部第 1 章 2 で「教師の構えの違い」についてふれた。従来，幼稚園教育は一斉保育/自由遊びの 2 つの側面からの観察結果に基づき論じられてきた。これに「プロジェクト型の保育」「協同的な学び」を加えて第 3 番目の保育法とした。今後，幼児教育の方法研究・カリキュラム研究がさらに進めば，一斉保育と自由遊びの中間に位置してその両者を繋ぐものになるであろう。

■幼児教育実践の場で行なわれている「行事」とよばれる活動について
　これがいつの間にか習慣化されている。保護者は「行事」の盛大さを見て園を選択する際の手がかりにしていたりする。一方保育担当者はこの行事（特に表現に関わる催し）で苦労する。テーマに，内容に，何を選ぶか，見栄えが良いものにしたい等，活動選びに悩

む。指導に当たっては子どもの生活を制限し，保育者の思う方向へ子どもを導く（時には追い立てる）。初心者や得手でない保育者にはたいへんな苦行である。子どもたちは思うようには動かない。子どもにとって行事のための練習は窮屈で縛られているように感じて苦痛でもある。それで練習中に「遊びに行ってもよいか？」と尋ねたり，練習が終わると歓声をあげて好きな遊び場へ走り向かったりする。

　われわれ研究グループでは，まずこの困難でつねに頭を悩ます表現を伴う催しを，探求的に（プロジェクト型の保育の考え方に基づいて）実践研究することに決めた。この研究テーマ決めで研究意欲が高まったように思われた。研究の実際を簡単に述べると，(1)保育者はクラスの子どもの興味に関心に気づき，(2)それをテーマにし，子どもの探究心を支える保育を実践研究した。(3)子どもの話を聞き・質問や対話をし，(4)必要な文献を聞き，集め，自分でも読み，(5)グループで，または関心のある人と議論し，(6)「このように実践した」と話題提供し話し合いを行なった。そして，記録に残したものが第1部の第2章から第5章である。実践者は保育歴数年以上の角尾グループの保育者である。

■保育カリキュラムと園内研修

　行事については「本来，子どもに必要な保育活動だろうか？」とカリキュラム研究や保育方法研究を行なうに際して必ず検討課題になる。しかし，実状はかなりの園が年間いくつかの行事を並べてカリキュラムとしており，（必要悪とでも言おうか）園運営の柱ともなっている。「自分の保育の質をあげたい」と実践研究に参加し，カリキュラムを変えたいと考えたが，長い間に確立され習慣化された活動を変えるのは容易な事ではないと気づかされた者が多かった。

　園の運営の実態としては，保育カリキュラムを作成することで，園内各員に周知できる。その上で「何をどのように改めるか」と進む。

　新しい「幼稚園教育要領」「保育所保育指針」では「幼稚園教育課程」「保育課程」と名称も変わり，その作成も「自己評価」とともに，しだいに徹底することと思われる。本書の第1部第6章「保育カリキュラムの作成と評価」は基本である。なお「教育課程」は一度作ってそれで完成となるものではない。日々振り返り，より良く改めていくものである。

　第1部第1章の事例に保育を語り合う園内研修のひとこまをあげた。園内教員の配慮ある話し合いが，明日の保育に生きている例である。

　残された問題はまだ多々あるが，教師・保育者養成はこのままではいけない。第3部にあげた事柄は，そのごく一部分である。多くの人々の関心を集めて，望ましい教師養成を制度変革も視野に入れて目指して試みるべきだと思う。今後の重く大きい課題である。

　本書が，協同的学びの実現に役立つことを希求してやまない。

2008年6月　　角尾和子

目次

はじめに　i

第1部　保育方法を改善するために―プロジェクト型保育の実践― ……………1

第1章　転換期にある日本の乳幼児教育 …………………………………………2
第1節　日本の幼児教育実践の現状　2
　　1　子どもの育ちが危うい　2／2　幼児教育への多様な期待　3
第2節　これからの保育のために　4
　　1　子どもの育ちを改善するために　4／2　自園の保育の実態をとらえ，改善の方策を探る　6

第2章　保育実践の改革―実施の経過をつづる ………………………………17
第1節　幼稚園における「プロジェクト型の保育」導入の試み　17
　　1　チャレンジした保育改革　17／2　レッジョ・エミリアのプロジェクト型の保育の紹介から実践の導入までの方法　18／3　保育改革をする際の難しさや課題　18
第2節　子どもたちの意見から立ち上げたプロジェクト活動　19
　　1　「おばけ」をテーマにしたプロジェクト活動にいたるまで　20／2　脚本の完成から練習のようす　20／3　まとめ　23

第3章　音楽・テレビから活動のテーマが生まれるとき ……………………25
第1節　ロバの音楽座の「ガランピーダンス」をもとにしたプロジェクト活動　25
　　1　コンセプトマップの作成　25／2　まとめ　29／3　テーマのあるプロジェクト型の保育を通して感じた問題点や今後の課題　29
第2節　テレビドラマ「踊る大捜査線」のごっこ遊びから発表会の劇へ　31
　　1　この実践の特色　31／2　ごっこ遊びから運動会の種目へ　31／3　運動会で行なった「踊る大捜査線　キッズ」の内容　31／4　劇遊びへの展開　32／5　家庭でのようす　32／6　ディスカッションの一場面　33／7　この実践で，子どもたちがどのよう

　　　　に育ったか　34／8　発表会を終えて　35

第4章　ふだんの「ごっこ遊び」から発表会の劇へ……………………37
　第1節　『おしいれのぼうけん』の絵本から発表会の劇へ　37
　　　§その1　『おしいれのぼうけん』　37／1　ねずみばあさんごっこ Part 1（6月上旬）　37／2　反省・評価　39／3　ねずみばあさんごっこ Part 2（10月上旬〜11月）　40／4　生活発表会に向けての活動　40／5　反省・評価　41／6　成果と課題　42
　　　§その2　オリンピックごっこ（5歳児）　43／1　「オリンピックごっこ」のよさは何か　43／2　子どもたちの状況と，保育者の準備　43／3　個々の遊びをまとめてオリンピックごっこに　44／4　反省・評価　45
　第2節　『3びきのやぎのがらがらどん』　46
　　　1　クラスの「ねらい」　46／2　遊びの中で育つ子どもたち　46／3　お楽しみ会（12月）　47／4　お楽しみ会を終えて　48

第5章　意見を言う・仲間と考える ……………………………………49
　第1節　三輪車を借りたい　49
　　　1　テーマが生まれたきっかけ　50／2　問題発生後の保育者の対応と，その後の子どもたちの姿　50
　第2節　どうやったらフタが閉まるかな？　52
　　　1　問題の状況　52／2　保育者の意図　52／3　保育者からの呼びかけ　53／4　経験から決まった約束　54

第6章　保育カリキュラムの作成と評価 ………………………………55
　第1節　カリキュラムとは　55
　第2節　時代の変化に対応するカリキュラム　56
　第3節　保育カリキュラム「教育課程」の作成　57
　　　1　保育の基本となる教育課程の作成　57／2　教育課程作成の新しい理解　57／3　教育課程の充実は子どもや保育者の評価から　59／4　プロジェクト型カリキュラムの作成とその評価　68

第2部
世界の幼児教育は今！ ……………………………………………………71

第1章　レッジョ・エミリアの保育：探究・表現・対話
　　　　　—プロジェクト活動に焦点化して…………………………………72
　第1節　主題選びと保育者の関与　73
　　　1　選択は子ども主導で　73／2　予備調査からの出発　73／3　文脈の提起と主題の選定　73
　第2節　子どもの探求と思考　74
　　　1　自前の思考の重視　74／2　プロジェクトにおける仮説，解釈，理論　75／3　前提をなす学習観　75
　第3節　何のために何をどう表現するか　76
　　　1　アトリエの重要性　76／2　プロジェクトに埋め込まれたアート　76／3　探求学習における図像的表現の役割　76／4　プロジェクトにおける美的創造　77
　第4節　関係性と対話　77
　　　1　小集団における対立と自己相対化　77／2　プロジェクトにおける探求と対話　78
　第5節　ドキュメンテーションと自己評価・相互評価のシステム　79
　　　1　再訪の手段　80／2　評価の焦点と目的　80／3　相互評価の難しさ　80／4　自己評価からの出発　80／5　もう1つの目的　81
　第6節　おわりに　81

第2章　スウェーデンにおけるテーマ活動—「学び」へのアプローチ…………83
　第1節　保育における「学び」へのアプローチとしての「テーマ活動」　83
　　　1　「保育のための教育プログラム」（『保育指針』1987年3月刊行）　84／2　新「保育カリキュラム（Lpfö98）」（「教育要領」1998年8月1日施行）　84
　第2節　スウェーデンにおける保育方法の変遷　85
　　　1　1900年代　85／2　1920年代　85／3　1930年代　85／4　1950年代　86／5　1960年代　86／6　1970年代と1980年代　87
　第3節　「テーマ活動」の方法　87
　　　1　子どもの「世界」へのアプローチ　87／2　保育計画の立て方　88
　第4節　「テーマ活動」の実践例：お店（抜粋）　89
　　　1　ねらい（目標：課題）　89／2　子どもたちの「世界」（聴き取り）　90／3　値札の役割　90／4　お店へ買い物に行く（テーマの展開）　90／5　広告の役割　91／6　評価　91

第5節　保育における「学び」の方法　　92

第3章　アメリカにおけるレッジョ・エミリアの保育の広がり …………94
　第1節　アメリカの保育カリキュラム　　94
　　　1　構成主義　94／2　進歩主義　95
　第2節　アメリカとレッジョ保育の相違点　　96
　　　1　子ども観　96／2　カリキュラム　97／3　保育実践の記録（ドキュメンテーション）　98／4　保育者の資質　99

第4章　OMEP（世界幼児教育・保育機構）の活動からみた幼児教育の動向 …104
　第1節　OMEPについて　　104
　第2節　OMEP日本委員会の活動　　105
　第3節　最近のOMEPの活動　　105
　　　1　『OMEPジャーナル』2003年版から　106／2　『21世紀における保育』の紹介　112
　第4節　国際研究（0歳から3歳の遊びと学び）について　　115

第5章　プロジェクト・アプローチとは何か ……………………………………117
　第1節　背景と目的　　117
　第2節　トピックの選定　　118
　　　1　子どもの興味，先行経験，能力，理解力，心情，性質を考慮する　118／2　クラス全体の子どもの興味にかなうトピックにこだわらない　118／3　子どもたちとの話し合いでトピックを決定する　119／4　トピックを祝日や行事と結びつけない　119／5　保育者の興味や関心からトピックが生まれる　119
　第3節　プロジェクト・アプローチの実際　　120
　　　1　計画　120／2　調査　124／3　評価　125
　第4節　プロジェクト・アプローチのウェブサイトについて　　128
　　　1　プロジェクト・アプローチのウェブサイト　128／2　プロジェクト・アプローチの実践例　129／3　「チョウチョ」をトピックにしたプロジェクト・アプローチの実践例　129／4　実践事例「チョウチョ」の感想・意見　135

第3部 変革期の幼児教育 ……………………………………………… 139

第1章 変革期の幼児教育を支える教師・保育者養成 ……………… 140

第1節 教育改革の方向　140
　　1　プロジェクト型の保育　140／2　カリキュラム概念の違いは教師の構えの違い　141／3　保育場面でみるべきものは何か　141／4　保育の構えを柔軟にする　142

第2節 学生に「プロジェクト型の保育」の体験を　142
　　1　音楽でのコミュニケーション　142／2　遊びの中でルールが作られる　遊びが発展するときも，そこに新しいルールが生まれている　143

第3節 「プロジェクト型の保育」を構想する　145
　　1　保育を想像するための「手だて」　145／2　インタビューの記事　146／3　まとめ　149

●資料1　『ヨウチエン──日本の幼児教育，その多様性と変化──』　151
●資料2　『子どもの心といきいきとかかわりあう──プロジェクト・アプローチ──』　154

第1部

保育方法を改善するために
―― プロジェクト型保育の実践 ――

第1章

転換期にある日本の乳幼児教育

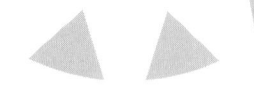

　子どもたちの育ちの危うさを改善するために保育者の役割は大きく重い。
　この第1部では目の前の保育実践を整理し，不足している事柄を指摘した。保育者は自ら学ぶ意欲・情熱をもつ人でありたい。保育者は子どもの能動的な活動をどこまでも信頼し，子どもに協同して保育を創り出す人でありたい。保育実践を紙面で語る難しさを承知しつつ，あえて「改善へ向けての第一歩はここから」の思いをこめて編集した。

第1節　日本の幼児教育実践の現状

1　子どもの育ちが危うい
（1）社会環境の激変
　① 戸外遊びの減少が子どもに与える影響
　都市化の傾向は子どもの遊び場を奪い，戸外遊びが減少している。その結果，異年齢の者と身体を使って遊ぶ経験不足から，自分の身体を動かす限界がわからない。葛藤の場でも闇雲に手足を動かすが，思うようにいかずにキレたりする。身体を使う遊び場が減少し，遊び仲間もいないという状況は体力の低下にもつながる。
　② 失われた仲間遊びの機会
　ひとりっ子の家庭がふえ，兄弟げんかでじゃれあいながら身体の力の使い勝手を知る機会がなくなっている。兄・姉の所作を見習うこともない。
　少子化および都市化の現象によって，地域においても子どもは遊び相手がいない，遊び場がないなど，成長に不可欠な集団遊びの経験をしていない。異年齢のさまざまな子どもと遊び，その中でそれぞれの得意技を見て真似て技を身につける，そのような体験がされていない。また多様な異年齢の子どもたちとの交流で，優しい気持ちや正義感などにふれ，社会性が培われる機会も少ない。現代の地域社会は，仲間遊びで学ぶ貴重な体験の機会を取り落としている。

(2) 忘れられた生活習慣の基本
① ないがしろの食事
　人々はめまぐるしい変化に追われて，生きる力の基礎をつくる毎日の「食」の大切さを忘れがちである。最近の子どもの日常に，偏食・肥満・食事時間の不規則・偏る食事内容・朝食抜き・孤食など，食にまつわる問題点が目立つ。子どもの生きる力の基本は「食育」にあり，知育・徳育・体育の基礎におくものでありたい。あまりの危うさに「食育基本法」が2005（平成17）年7月15日に施行され，国民運動として食育の推進に取り組むことが課題とされた。これがきっかけで「子どもの嫌いな物は食べさせなくてもよい」など，子どもの顔色をうかがう親の姿も話題になる。食生活の乱れが，子どもの身体の育ちを危うくしている。

② 生活リズムの変調
　「朝太陽が昇り明るくなると起き，太陽が沈み暗くなると寝る」という，昔からの子どもの生活リズムがいつの間にか変化している。親の生活のリズムが，否応なく子どもにしわ寄せられ夕食時間は遅い。TV視聴も子どもの生活リズムを侵略している。親の生活が先行する結果，早寝・早起きの実行は難しく，子どもの生活リズムが乱れることになる。家庭生活の多様化に流されず，子ども中心にまず適時から適時まで，子どもに睡眠時間を確保してやることは，家庭の責任と考えてよいのではないだろうか。
　子どもの基本的な生活習慣を育成することを目指して，2006年4月，PTAなど幅広い団体でつくる「早寝早起き朝ごはん」の全国協議会が発足した。乳幼児教育のカリキュラムに，各家庭の自覚を呼び覚ますことを視野にいれた方策をとる必要があるのではないか。

③ 毎日くり返して身につく習慣
　子どもが健康で自立して生きてゆくために，食事・睡眠・排泄・清潔について自己管理できるように習慣化する必要がある。これができていないことを見聞きする。たとえば，園の年少児におしめをしている子どもがいる。排泄の自立ができていない子どもがひらがなを全部読むというバランスの崩れた育ちをみることが多くなっている。
　いつまでに自立を完成させるか，それは子ども各々の違いがあって当然である。しかし，排泄，衣服の着脱，食事の前に手を洗うなどの習慣は，くり返すことによって習得できるものである。「親のうしろ姿で子は育つ」という諺がある。「よくも悪くも手本は家庭の中にある」のではないだろうか。

2　幼児教育への多様な期待
(1) さまざまな保育ニーズ
　社会・経済の変動の激しさ，急速に進む少子化は，子どもの保育にさまざまな影響を及ぼしている。施設保育には子どもの低年齢化，特別養護を必要とする子ども，他文化を背景にもつ子どもたちの就園など，多様な子どもたちを収容しているのが現代の保育室の状況である。

女性の就労の拡大にともなっての保育需要もさまざまな課題がある。少子化対策とあわせて保育施設入園を待ち望む待機児の数も多く「待機児0（ゼロ）作戦」などのかけ声も聞く。これらは保育施設の拡充，増加に関わる課題である。従来の幼稚園・保育所の規制をとり除き，民間の運営を可能にする「認定子ども園」の構想が国の施策の1つとして進められている。

（2）保育成果への期待

次に幼児教育の基本に関わる保育の内容への期待を述べる。現在幼稚園5歳児の就園率および保育所在籍率を単純に加算すると96％を超える。この数字は，5歳児の大多数が幼・保いずれかの施設で保育をうけていることを現わしている。ここに幼児教育の内容と成果への期待が内在している声高な世論を聞く。たとえば「遊んでばかりいる」「保育の目標・内容が明示されていない」「幼稚園教育要領はかなり漠然とした記述である」というような「目に見えない保育」にイライラしている声が聞こえてくる。

この声に「惑わされてはいけない」と警鐘をならしたいと思う。「目に見える保育への期待」は幼稚園の行事でわが子が活躍する姿を見たいと，行事の盛んな園に就園させようとする親の姿に現われる。このような期待にこたえるように，一部の幼稚園など保育施設では発表会・運動会・その他の行事を形よく整えて実施する傾向もみられる。その結果，年間を通していわば，行事カリキュラムともいえる展開にもなる。

一方，「小1プロブレム」とよばれ，小学校1年生の教室が崩壊しつつあるという事例が指摘され，特に5歳児の教育内容に対する評価に厳しいものがあり，ともすると「教える」保育が望まれていたりする。

子どもの自主的な遊びの中の学びを十分説明し，理解に導く必要がある。

第2節　これからの保育のために

1　子どもの育ちを改善するために

（1）カリキュラムの創造——幼児教育への多様な期待に応えるために

その第1はカリキュラムを見直し，新しく創ることである。幼稚園・保育所・その他の保育施設での保育の内容を，目の前の子どもたちの姿と時代の要求に添ったカリキュラムに適合するように見直し創造することである（以下幼稚園・保育所・その他の保育施設を「幼稚園」と総称する）。

見直すべき要点の1つは「目に見えない保育」についてである。保育者自身は他人の目には見えないが，確かに成長している子どもの発達を実感している。ただ，そのことの省察および納得させる説明が，できずにいることが問題である。

このあたりへの心配が大切である。人々に説明をするために，保育者自身が納得する

ために「くもの巣を描く」ことは効果がある。以降のページで解説する。

2つ目に保育者は行事に追われて忙しく，なかなか保育の質の研究にはいたらない。しかし「行事」そのものは保護者に求められている。そこで行事を精選する・やめるという選択はせずに，「幼稚園の行事」という「必要悪」を「必要な活動（善）」に変換する手だてを次のように考えてみた。

・行事のテーマが子どもの遊び・活動に関連するもの，あるいは関連したものになっているか。
・子どもの発想を中心に活動は進んでいるか。
・子どもの発想の広がりは友だちの間に浸透し，相互に対話しつつ協同して発表の場に展開しているか。
・保育者の働きは子どもの自主的な活動をさらに意欲的に発揮させるものになっているだろうか。

など，保育方法を探しながら実践し記録に残したものを第2章以下に載せ，「プロジェクト型の保育」と名づけている。

幼稚園のカリキュラム（教育課程・指導計画と同義語とする）は「幼稚園教育要領」を基準とし，各園の実情に応じて実施されている。カリキュラムは経常的に見直されるものであり完成されることのないものである。それにも関わらず例年同じことをくり返していたり，園内研修にカリキュラム改善の議題がのぼることもなかったりする。

カリキュラム見直し法の1つは，日々の保育の中で気づいたことを園内で話題にしてカリキュラム改変につなげることにある。

2つ目には，保育の構えに注目したカリキュラムの構造化を考え，保育目標，内容方法の精選と充実を図ることである。

（2）家庭の教育力を育てる

今，「家庭の教育力」の不足は大きな問題である。昔から家庭を教育することも，幼稚園教育の役割としてその時どきに行なってきたが，今こそ幼稚園教育の場で父母たちと協力して家庭の教育力を基本から培うときである。さまざまな組織・方法による子育て支援が行なわれているが，子育て中の親のストレスは大きく，かけ声だけでなく個々の親の心に届く具体的な支援ができるのは，各幼稚園それぞれの場ではないだろうか。

子どもの健全な発達と幸せな生活を保証するために，保育カリキュラムの在り方を考察するとき，家庭の養育・教育力のいたらなさを今後どのように充実するかという問題の解決も視野にいれる必要がある。そして，育児が楽しくなるように母親を，家族を支援していくことを考えたい。

（3）保育者自身が生涯学習を目指す

新しい研究の1つに発達の概念の変化がある。具体的には目に見えないが心理的には確

かに存在するものを認める方向のもので，発達の概念が広くなっている。また，子どもたちの能動的な活動，自己課題に挑戦するその能力の研究も行なわれている。

これらの研究成果を実践で確かめてみることも今後必要と思われる。たとえば具体的に述べれば，子どもが不思議と思ったことに対して子どもなりの考えで素朴な仮説を立てたとき，それを探索的に学ぶようにし向けていく保育方法を，保育者が実践の場で創造し開発することは意味のあることである。最新の研究について情報を得る機会をつくることも研修の内容にしたいと考える。

また子ども関係の専門的な知識・技術を持つそれぞれの専門家の助力を得ることも時に応じて必要である。そのためには多様な情報を常に収集することも学びの一部である。

成長する子どもたちのよき伴走者であるために，保育者自身が生涯学習を志す者であることを望みたい。

2 自園の保育の実態をとらえ，改善の方策を探る
(1) 園内の研修会を定例にし，透明度の高い研究会を心がける

教育の場では急速な変革は混乱を招く。一方，教師養成の教育実習先や新人の就職先幼稚園に理想の保育実践が行なわれていなければ，求められている専門性を備えた人材養成は難しい。そこで何より望みたいことは，透明度の高い園内研修である。従来，ともすれば園内の話し合いは，次の行事運営の打ち合わせに終わることが多い。上意は下達されるが下意は話題にもならず，行事は「この園のやり方」で毎年実施される。これらは角尾・角尾の研究グループの会でしばしば聞いた話である。園内の研修を定例にすると個々の教諭が自分が提案したいこと（すること）の準備がしやすい。そこで子どもたちのことや保育の環境構成など，先輩も後輩も隔てなく，忌憚なく考えを交流させ，結果を保育実践に実らせたなら，必ず園の保育力の向上につながるであろう。

研究・研修を億劫に思わないで続けるには小さなことの変化を見逃さずに報告することから始めたらよいと思う。誰しも初めて発言するのは勇気が必要である。発言がないのは問題意識がない，保育向上の意欲が薄い者が多いからと言わざるをえない。初心者・新人にも「発言の勇気を持とう」とよびかけたい。

(2) 保育者各自が自分の保育を語ろう

保育者各自が「自分の今日の保育を人に語り，人の意見を聞く」「他の人の保育を見る機会をつくり，感想を述べ，意見交換をすること」をためらわずにできる雰囲気づくりを園内の教職員みなで心がけたいものである。

また保育担当者は自分の保育について，考えていること，実際に行なったこと，子どもの活動のことや予想が外れたこと，子どもに教えられたこと，その他を忌憚なく自分の言葉で保護者に説明することも，その責任の一部であることを自覚しなければいけない。けっして園長主任に「おまかせ」にしてすまされることではない。

他人の保育実践をみるとどのような方法であっても，そこには保育者の人柄・行動・情緒の傾向があらわれる。そこでお互いの違いを理解したうえで協力・協同することも大切なことである。

　保育者の自信は経験に裏づけられて培われる一方で，常に学ぶ意欲と情熱を持ち新知識を求め吸収して培われるものでもある。広範な図書を渉猟する楽しみもあろうが，自分の好みの方向の専門分野での読書その他の学び（美術館各種展覧会見学音楽会など）の継続も大事なことである。

　自信を持って自分の保育を語る人でありたいものである。

（3）保育の改善は日々の保育から

　保育者がその役割を果たすために子どもの信頼を得ることに始まる。1人の子どもと時間・空間をともに過ごすことによって子どもから信頼される。他方，日本の園の特色でもあるクラス全体を取りまとめて指導する際の個々の子どもへの配慮も欠かせない。そこでは園全体の保育者の協力が必要になる。保育者どうしの信頼と協力が欠かせない。保育者間の日々の保育経過の話し合いに，透明感があり建設的な話し合いが行なわれることが望まれる。

　次に示した実践記録は，私立のM幼稚園に4年間勤務した保育者が経験した思い出の実践記録である（一部筆者が修正した）。

　「小さな変化も見逃さずに」「同僚と語りあい」その成果を「子どもたちの豊かな経験につなげている」その結果，「カリキュラムの望ましい方向への改善」が行なわれている。園内職員間の話し合いが透明で建設的な提案が実践につなげられている。

　以上のことに支えられて「園としての保育の力」に発展していることが伺われて心強い。

　さらにあげておきたいことに実践記録のことがある。それは保育実践を振り返り研究のために重要な資料であり「保育者の意図が埋め込まれた文章」が基本的に必要である。以下はその1つの事例でもある。

【事例】課題活動：祭り（5歳児）

○この保育実践の特色
- ・子どもどうしの人間関係がともに課題を遂行し学びあうなかで深まる。
- ・協同的な活動の中で子どもが成長し，サポートする保育者も成長する。

■課題活動は「子どもの個々にスポットを」当てる機会
　年長児の子どもから生まれてくる課題を保育者どうしで共通理解するように連携を心がけ，無理なく課題活動に発展するようにしました。
　個々の子どもについて，課題活動は以下のような子どもにスポットを当てるよい機

会でした。
　　・課題に対する理解がゆっくりな子ども
　　・一人で突っ走ってしまい，なかなか自己実現できない子ども
　　・いつも固定した仲間の中で埋もれてしまっている子ども
　具体的には 9 月の運動会のような「まんとみ祭り」と 11 月の「ちびっこレストラン」が大きな課題活動でした。
　私がいるころに年長児への保育形態が大きく変わったので，よく記憶しています。
　年長児について話し合われたことは，以下のようなことです。
　　①グループをつくるのに何人が適正か
　　②行事によってつくられたグループの人間関係をどこまで生かすことができたか
　　③そこには保育者の援助が必要か
　　④保育者の援助なく子どもどうしで仲間関係を継続させることを願うなら，どのような仲間関係のつくり方が自然か
　年長になると 1 年を通して「動物当番」という仲間が形成されます。これは保育者が年中時代までの子どもたちの姿から意図的に新しい仲間と出会うように組んだ関係です。

■ 8 人グループを 6 人グループへ変更・その意図
　子どもたちにもっと相手の深いところを知ってもらいたいと考えて，8 人から 6 人グループに変更しました。
　他にもグループでする活動は 1 年を通してこの動物当番仲間で動物の世話をしたり，かたづけをしたり，園全体の弁当時ののどを潤す水汲みをします。1 人でできる仕事ではなく，仲間どうしで助け合うことを願っています……＜ねらい＞

■「祭り」のこと
　そして 9 月の「祭り」にはいります。「祭り」の全体の大きな願いは，「祭り」当日がゴールではなく，「祭り」までの日をじわじわと味わって，「祭り」後も継続するような活動に育てていこうというものでした。前年までは，①みこしを作る，②屋台を作る，③リレー，④綱引きが年長児の主な課題でした。
　　・「屋台」から祭りは始まり，年長児の作ったお店に年中，年少児が買い物に来ます。
　　・地元の相撲部屋から招いた力士を交えてのお相撲。これも希望の年長児が露払いなどして力士の入場に伴います。
　　・年少，年中児が主に毎日積み重ねてきた遊び（たとえば平均台などを並べて相手方とぶつかったらじゃんけんする陣取り遊び）をします。
　　・リレーは年長児が毎日午後に行なっている活動です。スターターとアンカーを

決め，紅白に分かれて競います。

■ファミリーの神輿（縦割り12人くらい）：「自分たちの神輿」に意識が変わる
　　　　　　　　　　　　　　　　　　……保育法の変更その１

　「おみこしわっしょい」は年長児だけのものでしたが，おみこしを担ぎたがっている年少，年中児の姿が出てきたので，ファミリーという縦割りの12人ほどのグループでファミリーみこしを作り，園全体で楽しむことにしました。すると年少，年中児の祭りに対する思いも「お客様」から「自分たちのみこし」という気持ちに変わり，より園全体で祭りを心待ちにできるようになりました。

■日常の保育から生み出された課題：「やっと遊べるぞ！」はマズイ
　　　　　　　　　　　　　　　　　　……保育法の変更その２

　前年までは祭りに際して保育者が意図的にグループを分け，グループ内で話し合い，目標を決めていく方針でした。しかし子どもたちの姿からわかったことは「屋台」「みこし作り」「リレー」「綱引き」と目白押しになると，１つひとつを温める間もなくカリキュラムをこなしていくのに精一杯になり，祭りの次の日には「やっと遊べるぞ！」という解放された姿が子どもたちの中に出てきました。旧来の「祭りは，日常の保育から生み出してきたプログラム」という主旨と合わないことに気づいたのです。
　動物当番とは違う，新しい人間関係と課題達成の目的意識を同時に深めるのには子どもたちの姿に合っているだろうかという反省も出ました。

■この年「祭り」の焦点は「屋台」に　　　……保育法の変更その３

　そこで綱引きも取りやめ，大きく屋台に焦点を当てることにしました。グループ分けも保育者がするのでなく，子どもが自分で相手をみつけてグループをつくるのを待ちました。少々の働きかけもしました。
　夏休み明けの年長児に「夏休みにお祭りを見ましたか？」「お祭りには何がありましたか？」と１日目は投げかけるだけにして，子どもたちが家でどのようなことを考えてくるのか待ちました。次の日には「屋台」「みこし」などさまざまな答えが返ってきました。そこで「自分なら，してみたいお店は何ですか？」と考える時間を作りました。

■子どもが十分に考える時間をつくる

　１日に１つの投げかけをして子どもたちが個々に考える時間を設けました。子どもたちは，投げかけたその場ですぐにグループを作ってしまえるだけの力はありますが，ゆっくり考えたい子どもの気持ちや，いつもながらの仲間でパッとグループをつくってしまう子どものそれぞれが抱えているその思いを知りたくて，上記の投げかけ以上

はこちらからは動かないようにしました。

■2日目・スポットを当てた子どもに保育者が添うお店

　そしていよいよ次の日から、保育者どうしで話し合われたスポットを当てたい子どもに最初は保育者が添う形で小さなお店が立ち上がるという方針に変えたのです。時間をかけてお店を「完成」という形に持っていくのではなく、毎日が変化したお店でした。

　保育者とスポットを当てたい子どもが小さくお店を始めているところに、興味を示した仲間が寄ってきて、小さいお店の子どもに「入れて」と頼んできたり、「じゃぁ、私も自分のお店を作ってみる！」と子どもだけの力でお店が立ち上がったりしました。

　最初の2～3日は自己実現するための時間で、50人弱の年長児から10グループ以上のお店ができたり、消えたりしました。仲間の動きに気づかずお店を始めていない子どももいて、大人の私から見ると、いったいどうなるか先が見えない気もしました。しかし子どもたちはしっかりとしていて「○○（保育者の名前）と2人じゃできないから、仲間を探さなきゃ」と仲間集めを始める姿も出てきます。……「先生」と呼ばず仲間のひとりとして扱う園のきまりです。

　だんだんグループになってくると自分の意思で集まった子どもたちが相手に自分の思いを伝えられるよう、援助するようにしました。最初は水風船屋でしたが、だんだん色水作りが楽しくなってきたり、サーカスが戦いごっこになったり…。

　ですから祭り当日がゴールではありません。次の日も自分たちでお店が出せ、その仲間関係が祭りだけのものにならないような結びつきを育むように保育者間の連携をとっていきました。

　ひとりの保育者が3店舗ほどの掛け持ちになるわけです。

■「お客さん」は新しい活動を生みだす

　子どもたちの姿から「お客さんが欲しいみたいです。お買い物に来てあげてください」と会議で発信しました。年少、年中のスタッフが子どもたちを引き連れて来てくれたりしました。すると、俄然年長児のやる気が出たりするので、年長児の姿をこまめに会議に発信することが大切で、そのことで保育者間の連携ができました。実際にお客さんに来てもらうことによって、「お金をもらったら、どこに入れる？」「看板がいるんじゃない？」と子どもが新しい発見をすることもできました。ひとりでチャカチャカしてしまう人に「私もやってみたい」と仲間が訴えてみたり濃密な時間でした。

　すると前年までの大人が意図的に作ったグループでの人間関係よりも、祭りの後の人間関係に変化が少し見られるようになりました。子どもたちの自己実現に対する姿勢が保育者側にもまた仲間間にもよりわかりやすく浸透しました。たとえば「○○ちゃんって、折り紙が上手なんだよ」とお店を共にしていた仲間から教えられたりする

のです。子どもたちのことを一番に理解しているのは保育者・私だから，この子のよさを私が発信しなければという傲慢な思いがあった私にとって，これは大きなショックでした。ある子どものことを深く理解する相手が保育者ではなく，子どもの中にいるということは，より保育者と子どもたちの隔たりをなくし，それぞれが仲間の中で個を発揮できる，個と向き合える環境作りを築く第一歩だったからです。

　「祭り」の後，子どもたちに保育者の課題への発信（呼びかけ）が，強制ではなく，ひとつの「提案」として受けとめられるようになった手ごたえがありました。
　決まった数のグループではなく，子どもの要望に応じてグループがふえ，また合体していくのは見事でした。たった3人のグループもあれば，7～8人のグループもありました。あるグループの子どもたちは，それまで人との争いを避けてきた3人でした。その3人がもっと相手とぶつかるために「相手の気持ちを感じてほしい」と思い，「もう少し仲間がほしい」と保育後の話し合いで発信すると，別の保育者からは，「自分の思いを発信するのが上手な人が，もう困っている仲間の存在に気づいてもいい頃だと思うので，こちらも仲間がほしい」と意見交換されました。
　もう少し大きなグループで力を発揮してほしい子どもの場合は，保育者から「もっと仲間がいると大きいのができるんじゃない？」と投げかけました。また黙々と品物を作る小さなグループには何か3人で気持ちを共有できるように買い物に出かけたりしました。すると子どもたちから「この仲間でお弁当を食べよう」とか「この品物はあそこに隠しておこう。朝，ここに集合」など保育者が提案することなく，子どもたちの声からお店の続きの活動が始まりました。

■「課題活動」を超えて成長した年長児そして保育者
　子どもたちの課題に対する思いの深さを感じ，人間関係の形成の仕方が実に自然であることに驚かされました。子どもによるグループ作りを通して課題活動の中に「楽しさ」「喜び」を見つけられるように保育者自身がなったと思います。子どもの成長と保育者の成長をともに感じながら，前に進んできた年長児の活動でした。

（4）子どもの全生活がカリキュラム

　幼児期のカリキュラムは幼稚園・保育所で生活する間のことすべてを含む。たとえば，自由に遊ぶとき，計画に基づいた行事や活動のとき，計画されたものではないが過去の経験に基づいて活動するとき，思いがけないことから心が弾み活動するとき，毎日くり返す活動のとき，などがあげられる。したがってどの切り口からでも「育ち」の改善に取り組める。保育者は子どもの生活を注意深く見つめ，子どもの興味を通して「改善に導く」機会をとらえ指導することができるし，また必要である。

ここで大切なことは教師の役割の認識である。「幼児の主体的な活動を促す」「幼児とともに教育環境を創造する」など，教師が先に立つ指導とは異なる指導法が，育ちの改善に重要であるという認識である。子どもたちが探求的に活動に取り組み，その結果が永くその子どもの資質に残る指導法が求められている。

（5）カリキュラム＝教育課程の枠組み

これからの社会を担う子どもたちには，前例のない激しい社会状況の変化に直面し，それらを分析解決する「探求的な活動」が求められる未来社会が予想される。その場合にもすでに研究し蓄積された知識・技術を「受動的に学ぶ」ことは大切なことである。どちらかの選択ではなく，その2つともに計画づくりに必要なのである。そこで日本の現状に合せて従来から培ってきた保育法に，新しい方法「プロジェクト型の保育」を導入し，教師の構えの違いを枠組みのより所として3層に分けてその構造を計画した。

今後の課題としてこの3項目それぞれに，保育内容の何をどのように位置づけるかの議論が残されている。

① どの子どもも学び経験すべき目標内容。担当保育者はクラス全体を掌握しつつ子ども個人にも対応する。［一斉的な保育・指導］
② 子ども自身の自発的・自由な遊び。保育者は目標達成を願って環境に事前の準備をする。活動中はその時どきにとっさの判断が必要。［自由な活動・自由な保育］
③ 子どもが自分で構想し仲間と協力する活動。この場合の保育者の構えは子どもたちのよき仲間であり対話によって交流する。［プロジェクト型の保育］

「プロジェクト型の保育」は木下（第2部第1章）が述べているように，日本でもかなり以前から名称こそ違うが保育に取り入れられている。筆者も，1950年代に東京学芸大学附属幼稚園の「新しい幼稚園の保育計画とその実際」(1954)で試みている。広く展開しなかった理由を考えてみると，常にクラスの全員の子どもたちを対象としていたこと，保育内容のすべてを取りおとしなく保育することにこだわりすぎていたことを反省している。

「プロジェクト型の保育」はレッジョ・エミリアの保育にも示唆をうけており，日本の保育文化のあり様を生かし，さらにカッツ（Katz, L.）などの「プロジェクト・アプローチ」の保育過程をシステム化し理解しやすくしている点にも学ぶものがあった。それらと一線を画し日本的でありたいとの意味も含めて「プロジェクト型の保育」と名づけた。

（6）レッジョ・エミリアの保育計画づくりに学ぶもの

① レッジョ・エミリアが支持する保育法について

リナルディ（Rinaldi, C.）は『子どもたちの100の言葉』（佐藤ら訳, 2001）の中で，レッジョの保育では「具体的なねらいの代わりに教師は子どもの過去の経験に関する知識をもとにして起こりそうな仮説を組み立てておく」。その後，活動展開に沿って「子どもが随

時表現する興味に柔軟に対応する」と述べている。このような柔軟性のある計画づくりは「プロゲッタツィオーネ」とよばれ，レッジョの保育の特色であり教えられることが多い。その中からレッジョの保育の「保育の計画づくり」に関連してあげると，以下のようなものに「プロジェクト型の保育」への示唆が見いだされる。

- 「教師が子どもに起こりそうな仮説づくりをする」
- 「子どもの話の聞き手になる保育者」
- 「対話による保育・環境との対話が基本」

② アメリカ・カナダの「プロジェクト・アプローチ」

レッジョの保育にヒントを得た「プロジェクト・アプローチ」にはイタリア，レッジョエミリアの保育から離れた独自の文化というものが見えている。カッツとチャード（Chard, S.）の説くアメリカ・カナダ型は指導の方法がシステマチックに構造化されている。わかりやすいテキストが刊行され広く紹介されている。具体的にはプロジェクト・アプローチは「学ぶ価値のあるテーマを深く探索調査すること」であるとして，テーマの選択・決定に特色がある。強いて言えば多くのテーマに知的な探索，調査，発表へ続いている傾向がみられる。また，そこでの教師の役割は子どもたち自身が何を調べたいかテーマを決めるのを励まし，その意欲が持続して解明にいたるまで援助する。援助の仕方は教師の指示・命令と異なり示唆を受けることが多い（一部の事例を第2部第5章に解説，和訳書を巻末にて紹介した）。

③ 教師主導の指導法から子ども中心へ

「プロジェクト型の保育」を提唱する理由に，次のことをあげる。子どもは自然な衝動ややりたい気持ちで活動を始めると，生き生きと活動する。興味深く探索し，一定の満足が得られるとさらに探求を持続させ活動する。友だちとよびあってする協同の活動は興味・経験の幅を広げる。

教師が子どもの仲間となり興味を喚起するような対話をするなら，子どもたちを価値ある学びに導き，子どもの心の発達によい影響を与えるだろう。

これを，もともと自発的な表現活動である劇的な活動の発表会に焦点化して，「指導法を子ども中心にする。できることからやれる範囲で変えていこう」を合い言葉に，できることから実行した。

〈角尾グループの研究活動の要点〉
- 発表会（行事）を子どもが生き生きする実践に改編するための方策として，劇的な活動を子どもたちと創ることを協同の課題として実践する。
- 保育者は空想の世界で子どもとともに遊び，参加者の全員が共有すると新たな興味と提案が生まれる。これを大切に育てる。
- 遠くにある目標は「想像の世界で友だちと協同の活動をする」こと。そのことと「今ここ」の目標の区別をする。「今ここ」とは想像世界の家をつくるなどの表現に関わることなどである。

子どもたち，保育者，ともに生き生きと活動する「プロジェクト型の保育」を，従来の保育法と区別して行なった。

④　毎年毎学年のくり返す活動について

毎年くり返して活動が展開されるものについて「くもの巣を描く」ことを園内の研修で行ない積み重ねていくと，「見えない保育」と批評された保育の内容の説明の根拠がつくられる。たとえば，4歳児の劇ごっこについて事前にこの活動で経験するであろうことを予想したものが図1-1-1である。

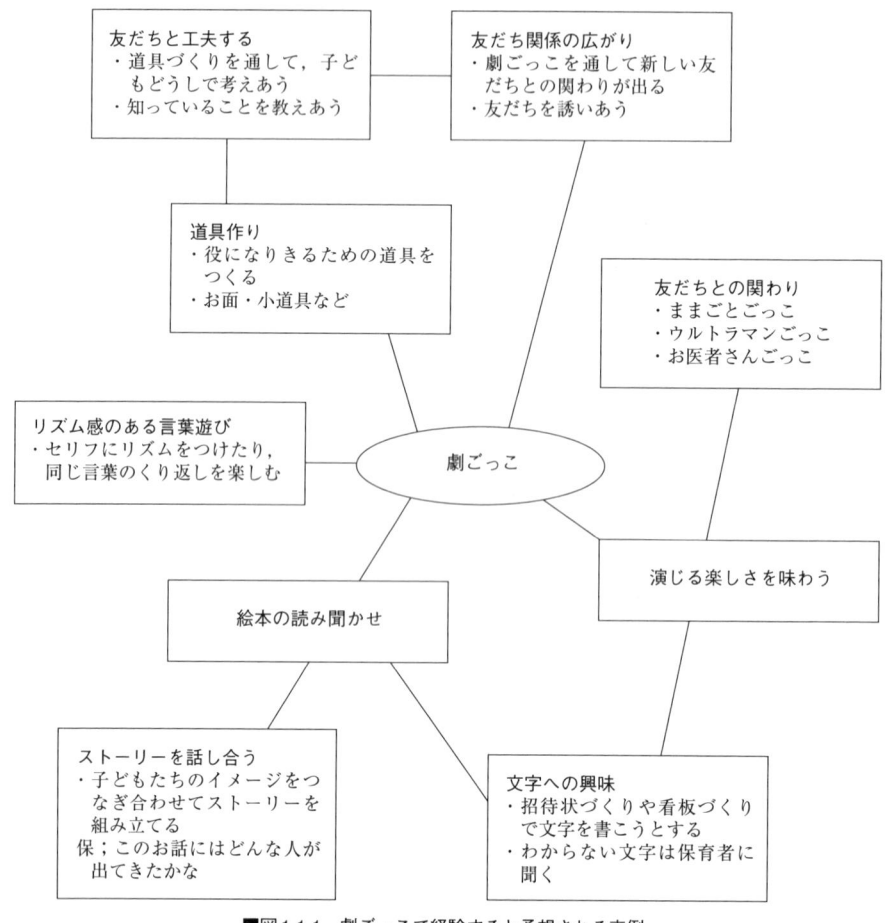

```
友だちと工夫する
・道具づくりを通して，子
　どもどうしで考えあう
・知っていることを教えあう

友だち関係の広がり
・劇ごっこを通して新しい友
　だちとの関わりが出る
・友だちを誘いあう

道具作り
・役になりきるための道具を
　つくる
・お面・小道具など

友だちとの関わり
・ままごとごっこ
・ウルトラマンごっこ
・お医者さんごっこ

リズム感のある言葉遊び
・セリフにリズムをつけたり，
　同じ言葉のくり返しを楽しむ

劇ごっこ

演じる楽しさを味わう

絵本の読み聞かせ

ストーリーを話し合う
・子どもたちのイメージをつ
　なぎ合わせてストーリーを
　組み立てる
保；このお話にはどんな人が
　出てきたかな

文字への興味
・招待状づくりや看板づくり
　で文字を書こうとする
・わからない文字は保育者に
　聞く
```

■図1-1-1　劇ごっこで経験すると予想される事例

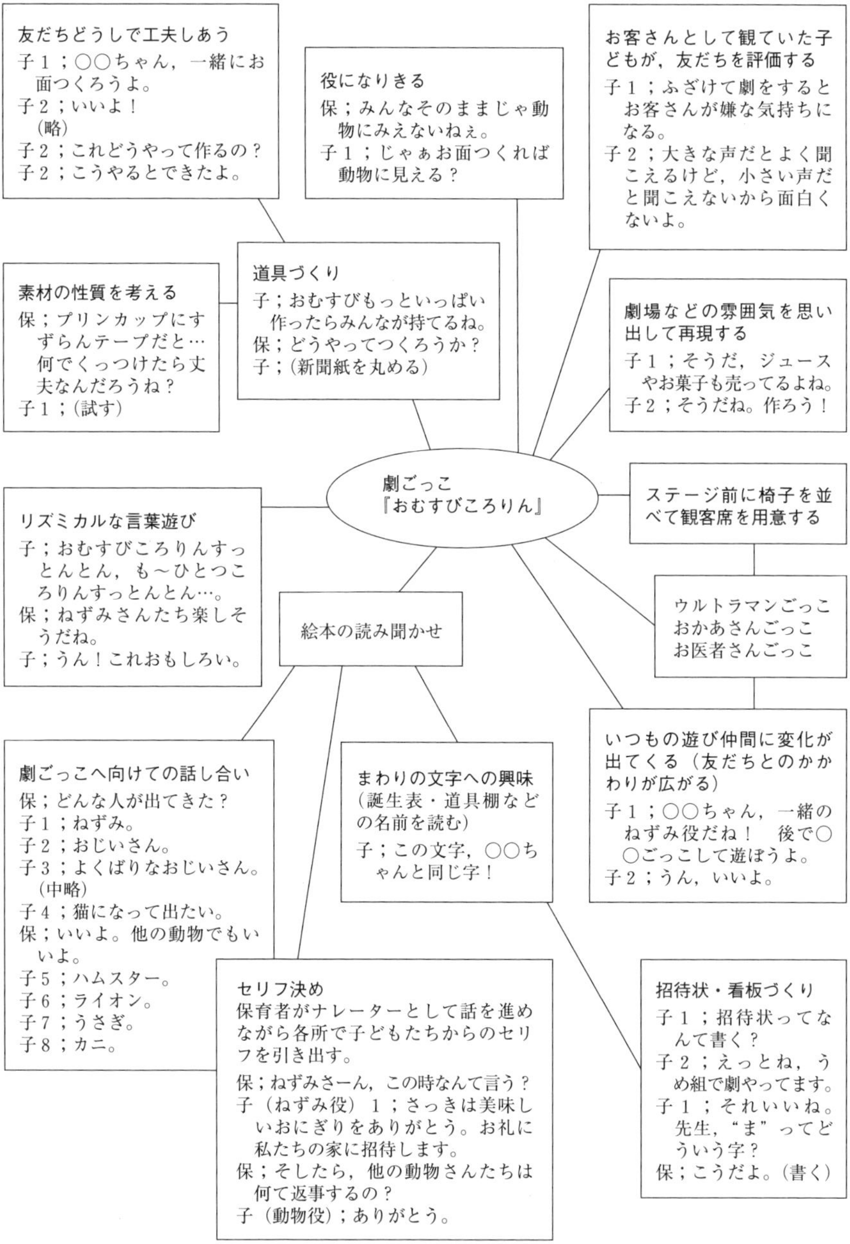

第1章 ◆ 転換期にある日本の乳幼児教育

中心テーマ：劇ごっこ『おむすびころりん』

友だちどうしで工夫しあう
子1；○○ちゃん，一緒にお面つくろうよ。
子2；いいよ！
（略）
子2；これどうやって作るの？
子2；こうやるとできたよ。

役になりきる
保；みんなそのままじゃ動物にみえないねぇ。
子1；じゃぁお面つくれば動物に見える？

お客さんとして観ていた子どもが，友だちを評価する
子1；ふざけて劇をするとお客さんが嫌な気持ちになる。
子2；大きな声だとよく聞こえるけど，小さい声だと聞こえないから面白くないよ。

素材の性質を考える
保；プリンカップにすずらんテープだと…何でくっつけたら丈夫なんだろうね？
子1；（試す）

道具づくり
子；おむすびもっといっぱい作ったらみんなが持てるね。
保；どうやってつくろうか？
子；（新聞紙を丸める）

劇場などの雰囲気を思い出して再現する
子1；そうだ，ジュースやお菓子も売ってるよね。
子2；そうだね。作ろう！

リズミカルな言葉遊び
子；おむすびころりんすっとんとん，も〜ひとつころりんすっとんとん…。
保；ねずみさんたち楽しそうだね。
子；うん！これおもしろい。

絵本の読み聞かせ

ステージ前に椅子を並べて観客席を用意する

**ウルトラマンごっこ
おかあさんごっこ
お医者さんごっこ**

劇ごっこへ向けての話し合い
保；どんな人が出てきた？
子1；ねずみ。
子2；おじいさん。
子3；よくばりなおじいさん。
（中略）
子4；猫になって出たい。
保；いいよ。他の動物でもいいよ。
子5；ハムスター。
子6；ライオン。
子7；うさぎ。
子8；カニ。

まわりの文字への興味
（誕生表・道具棚などの名前を読む）
子；この文字，○○ちゃんと同じ字！

いつもの遊び仲間に変化が出てくる（友だちとのかかわりが広がる）
子1；○○ちゃん，一緒のねずみ役だね！ 後で○○ごっこして遊ぼうよ。
子2；うん，いいよ。

セリフ決め
保育者がナレーターとして話を進めながら各所で子どもたちからのセリフを引き出す。
保；ねずみさーん，この時なんて言う？
子（ねずみ役）1；さっきは美味しいおにぎりをありがとう。お礼に私たちの家に招待します。
保；そしたら，他の動物さんたちは何て返事するの？
子（動物役）；ありがとう。

招待状・看板づくり
子1；招待状ってなんて書く？
子2；えっとね，うめ組で劇やってます。
子1；それいいね。先生，"ま"ってどういう字？
保；こうだよ。（書く）

■図1-1-2　劇ごっこ過程を通して経験した出来事

その後「おむすびころりん」の劇ごっこをした後で、ごっこの過程で経験していることを見取り読み取ったものが図1-1-2である。

★「くもの巣を描く」ことを経験して……

■活動する前
　「劇ごっこ」を行なう前の「くもの巣づくり」では、子どもたちが劇ごっこを通して経験するであろうと予想される事柄を『劇ごっこ』を中心として考えた。
　普段の保育では、子どもたちが経験すると予想される出来事を、図として表記することで、自分自身が予想しきれなかった分野が、見えてくることがわかった。
　そのため、「友だちとの関わり」「製作・想像」「リズム・ことば遊び」「文字への興味」など、子どもたちに経験してほしいと考えられることをバランスよく予想することができた。

■活動した後
　「劇ごっこ」を行なった後の「くもの巣づくり」では、前もって製作した図をもとにして、その日ごとに保育をふり返る材料として役に立った。
　子どもたちが発言したこと、行なった動作、考えたことや経験した出来事が詳しく観察できて、保育者が前もって予想した「経験してほしいこと」のどの部分に含まれるのか考えやすかった。
　子どもたちの興味がどこにあるのか、クラス全体の育ちの面でも指標になることを考えやすいと思った。
○改めて「くもの巣」の活動前と活動後を見比べると、ひとつの活動で子どもたちが学んだと考えられる事柄や、子どもたちのその当時の興味、関心、成長段階などが一目でわかり、その後の保育や活動の指標となることが感じられた。

　石川（2005）は、「くもの巣」とは異なる形に納めた保育の構造図の研究を発表している。その主旨は同じである。各園で独自の方法が行なわれることを期待する。

■ 引用文献
石川征子　2005　遊びの中での学び　幼児の教育，**104**(7), 36-45.
リナルディ，C.　2001　ドキュメンテーションから構成されたカリキュラム　C.エドワーズ・L.ガンディーニ・G.フォアマン（編）／佐藤　学・森　眞理・塚田美紀（訳）　子どもたちの100の言葉―レッジョ・エミリアの幼児教育　世織書房　Pp.169-170.

第2章

保育実践の改革
—— 実施の経過をつづる

　現在，世界の教育界では，第1部，第2部で紹介する，プロジェクト型保育への移行や教育改革の試みがなされている。筆者（※筆者は幼稚園主事，改革の推進者である）の勤務する幼稚園でも，約10年間にわたって，一斉型の保育から個々を大切にする保育への移行にチャレンジし，現在も継続中である。その保育改革の中にプロジェクト型の保育の導入も試み続けてきた。レッジョ・エミリアとは対照的な保育形態・園児数の日本の幼稚園で，どのようにプロジェクト型の保育を取り入れていったかを述べてある。

第1節　幼稚園における「プロジェクト型の保育」導入の試み

　［園　児］397名（2005年4月時点・中野・私立大和幼稚園）
　［保育者］34名（保育歴17年〜25年のベテラン保育者が5名，1年〜8年の保育者が29名）
　1クラス30名〜35名の園児を，2名または3名で担当する複数担任制（ティーム保育）で指導した。

1　チャレンジした保育改革
1）イタリアのレッジョ・エミリア市の子どもたちの教育の紹介——「プロジェクト型の保育」。
2）カリキュラムの改訂。
3）記録方法の改訂（ドキュメンテーション，保育日誌，個人行動記録，日案等）。
4）ティーム保育（保育者間での話し合いの徹底，情報の共有，協力）の改善。
5）プロジェクト型の保育の一環としての手作り劇への挑戦。

2　レッジョ・エミリアのプロジェクト型の保育の紹介から実践の導入までの方法

1）筆者である改革推進者が1995年にイタリアのレッジョ・エミリア市を訪れた際に入手したスライドを保育者たちに見せながら，レッジョ・エミリアの保育アプローチの特徴について説明する。
2）保育のビデオを紹介する。
3）レッジョについてのレジメを作成し，説明しながら保育者たちの質問に答え，話し合う。
4）レッジョ・チルドレンで出版されている本や，日本でレッジョ・エミリアについて書かれている本を紹介，回覧する。
5）率直な感想を書いてもらう。現在行なっている保育と比較し，相違点と問題点をあげてもらう。どういった点を取り入れることができるか，また，どのようにしたら，変革していく方向に保育を改善していけるか，具体的な提案を出してもらう。
6）「プロジェクト型の保育を導入した場合，具体的にどんな保育を行なってみたいか」を書いてもらう。それぞれの感想をまとめて紹介し，お互いの感想を読み合う。
7）ワタリウム美術館の「子どもたちの100の言葉」展示会に全教職員が参加する。
8）具体的に海外の園ではどのようにプロジェクト型保育を取り入れているか，香港の幼稚園の実践例をCD-ROMで見る。
9）プロジェクト型の保育をするための方法論についてのセッションを実施する。ブレインストーミングを，改革推進者が保育者役になり，子どもたち役を保育者たちにやってもらい，体感してもらう。
10）今後どのような方向性をもって，保育をしていくかを話し合う。全員の意見を取り入れながらポイントをまとめる。
11）園としての共通理解および方針を決定し，実践の中で取り入れていく。
12）メモ，写真，ビデオ撮影，子どもたちの対話，作品，工作，描画などで，保育の記録をとる。
13）子どもの興味からトピックを見つけ，子どもたちと徹底して話し合い，対話を通してプロジェクト活動を進めていく。
14）常に途中経過を改革推進者（教務）に報告してもらい，保育者と話し合いをし，協力をして実践を進める。

3　保育改革をする際の難しさや課題

1）保育者たちが改革を行なう場合，感情的レベルで，変化や変革に対する不安を持った。ベテラン保育者の中には，すでに固定観念があり，変化を受け入れられない人もいた。その一方で，ベテラン保育者の中には保育へのプライドがあり，より新しいものへ挑戦しようとする意欲のある人も見受けられた。
2）レッジョ・アプローチは非常に理論的な裏づけがされているが，理論的な話や，発達

を意識することを説明した際,「理解するのが非常に難しい」と言われ,なかなか理解を得るのが難しかった。本来,子どもたちの教育には知識と能力が必要であり,保育者養成の段階から,もう少し専門的な理論の学習をする必要があるだろう。現場と理論との間の橋渡しをするペダゴジスタ的な存在が必要だと感じた。

3)「プロジェクト型の保育」が一時的なブームで終わってしまい,次の年に別のトピックを改革しようとすると,以前取り組んでいたものがおざなりになる傾向があった。

4) せっかく育てた保育者が退職した場合,また新人を一から教育しなくてはならない。改革したものが文化として根づきにくい。

5) 改革方法をマニュアル化してしまったために,若い保育者たちに「見て(ぬすんで)学ぶ」という姿勢がなくなり,受け身になってしまった。中堅保育者たちは,マニュアルを形骸化させてしまい(改革の苦労を見ていないので),易きに流れやすかった。

6) 新人保育者に「どんどん新しい意見を提案してください」と呼びかけても,意外に保守的だったり,他人の受け売りで,積極的に自分のアイデアを出さない。

7) 改革推進者の意向が1回で伝わることはまずない。認識が大きくずれていることも多々ある。

8) 新しい改革がその幼稚園の文化として根づくまでには最低でも8年くらいはかかるように思う。くり返し続けていくことが大切。

9) 改革したトピックを質の高いものとして改善・維持し続けていくには,努力し続けることが必要。

10) 改革推進者がリーダーシップを発揮していかないと,現場はまったく動かない場合がある。「曖昧な指示だしはかえって困る」と言われた。

第2節　子どもたちの意見から立ち上げたプロジェクト活動
　　　　（幼稚園行事に組み込む形式をとって）
　　　──「おばけたちの宝探し」

[園　児] 年長組39名（男子23名・女子16名）
[保育者] 3名

　年長組の年間目標は,「自分たちで話し合ったり,考えたりすることを通して,コミュニケーション能力を高め,自主的に日常の生活を送ったり,行事を計画したり友だちと協力し合ったりする態度を養う。自分なりに工夫し,表現することを楽しむ」というものであり,9月～3月までのねらいは,「クリスマスお遊戯会,生活と表現展,音楽会,卒園までの行事の中で,自分たちでアイデアを出し合いながら,みんなで1つのものを創り上げていく喜びを味わい,その中で友だちの持ち味を認め合ったり,協力し合ったりする（集団の中で自己実現を図る）。自分で役割を選択し挑戦し,多少の困難があってもやり遂

げ，達成感を味わう。自主的に取り組む」というものであった。
　この2つを柱にして，レッジョ・エミリアの保育を見習い，子どもたちの言葉に耳を傾け，子どもたちの意見から活動を立ち上げていくテーマのあるプロジェクト活動にチャレンジしてみた。以下は，その実践報告である。

1　「おばけ」をテーマにしたプロジェクト活動にいたるまで

1）2学期に入ってすぐ，お帰りの時間に谷川俊太郎作の『よるのようちえん』（福音館）という絵本の読み聞かせをした。おばけが夜の幼稚園に出現するという内容で，とても不思議な言葉で語られ，絵や写真も幻想的な色彩のものが多数使われている。子どもたちは，身近な存在の幼稚園の夜が舞台の話に聞き入っていた。

2）『よるのようちえん』をクラスの絵本棚に，表紙が見えるようにさりげなく置いておいたところ，子どもたちの間で大人気になる。毎日，何人かがいっしょに眺めたりくり返し読んだりしている姿がよく見られた。文字が読める子どもが，声に出して読めない子どもに読み聞かせをする姿もあった。

3）この頃ちょうど，ピアノのカバーの中に数人が入り込んで真っ暗にして行なう「おばけごっこ」や「怪談」がはやり出した。「おばけだぞ」「なんとそれは，ろくろっ首だったのだ」「キャー」などという会話が，ピアノカバーの中からしばしば聞こえてきた。毎日，交代で怪談をする人を決めて，お互いの話を楽しみにしているようすだった。

4）保育者に，怖いお話をしてほしいと子どもたちから依頼があり，お帰りの時間に怪談を聞かせたところ，かなり怖がっていた。

5）「トイレの花子さん」，映画「千と千尋の神隠し」などが流行しはじめていた。「幼稚園のトイレにも花子さんがいるよ。見に行こうよ」「嫌だよ。怖いもん」といった会話があり，トイレのそばにいくことをためらう姿が見られた。また，「千と千尋の神隠し」の中の登場人物の「顔なし」の絵を製作コーナーで描く子どもがふえた。

6）10月になるとハロウィンが近づき，「おばけ」がさらに子どもたちに身近になっていた。子どもたちの会話の中に，「おばけ」「ガイコツ」「魔女」などの固有名詞がよく出ていた。そのため，ハロウィン関係の絵本を数冊読み聞かせた。

2　脚本の完成から練習のようす

　子どもたちのようすを見ているうちに，担任どうしで，子どもたちがこれほどまでに「おばけ」に興味を示しているなら，「おばけをテーマにしてプロジェクト活動を行なってみよう」ということになった。

（●：保育者のはたらきかけ　○：子どもたちが自主的に行なったこと）
●保育者3名で事前に「おばけ」をテーマにしてブレインストーミングを試み，web（くもの巣）を作成した。

- 10月中頃に,「みんなおばけが大好きだから,クリスマス会用に何かおばけの出てくるおもしろい話を作るのはどうかなあ」と子どもたちに提案し,「お家でよい案が浮かんだら,ぜひ教えてください」と呼びかけた。
- 数日後に,黒板に「おばけ」と書いて,子どもたちにブレインストーミング(思いつくままアイデアを出し合う問題解決法)を行ない,web(くもの巣)を作成した。
○「顔なし」「一つ目小僧」「かぼちゃのおばけ」「トイレの花子さん」「ガイコツ」「さっとさん」「魔女」「ドラキュラ」「幽霊」「ミイラ」など,いろいろなおばけの名前が出てきた。
- さらに,1人ひとりが家で考えてきた,おばけに関する話を発表してもらった。
○テレビの影響をかなり受けている内容や,ストーリーがよくわからないもの,お遊戯会の劇にはいまひとつの内容のものが多々あったが,1人の男児が考えてきた短い話をメインストーリーにすることになった。その子は,話を紙に書いてきていて,そこには「宝箱を探しに,ドラキュラ,魔女が木の船に乗って行きます。島には幽霊がいましたが,手をけがしていたので,魔女が魔法で治してあげました」というような内容が書かれていた。また,その子は,粘土で島らしきものも作ってきていた。
- 保育者は,「おばけ」が出てくる絵本や図鑑を保育室の子どもたちの見える場所に置いた。
○子どもたちは「日本のおばけ」の違いなどに気づき,調べはじめた。
○次の話し合いの前,自由遊びの時間に,子どもたちはハロウィン用の飾りに描いた絵に割りばしをつけ,ペープサートにして遊びはじめた。保育者もいっしょにペープサートを作り,絵本棚を舞台にして遊びはじめると,ほかの子どもたちも「やりたい,やりたい」と言い出した。子どもたちは,新しい登場人物をどんどん提案して,ストーリーも展開していった。
- 再び子どもたちで話し合いの時間を設けた。
○ペープサートごっこを通してお話の概要が完成し,登場人物もドラキュラ,魔女,おばけ,ミイラ,ガイコツ,かぼちゃのおばけ,森の妖精,オオカミ,ナレーターと決定した。
- このとき,保育者の助言や援助もかなり重要だった。お話には,多少の起承転結があったほうが楽しいことや,あまり現実離れをすると話がそれてしまうことなどをわかりやすく説明した。
- 話し合いの際は,子どもたちの発言などをほかの保育者が書き留めていった。その日の保育後,保育者たちでおばけのトピックや内容が実際的であり,子どもの関心が高いため,このプロジェクト活動を継続していくことを決めた。そして,子どもたちの作ったストーリーをわかりやすい内容に肉づけしていった。カリキュラムとの関係も意識したが,おばけの活動は,カリキュラムの内容にも十分に該当すると考え,継続して実行することにした。
○その後も話し合いをくり返し,最終的なストーリーは子どもたちが最後まで考えた。「おばけたちの宝探し」というタイトルで,ストーリーが完成した。子どもたちは,完成と同時に「やったー! できた!」と大歓声をあげた。
- 保育者がそのお話をもとに,おおまかな台本を作り,その台本を読み合わせて,保育者どうしで確認し,話し合った。

- ●子どもたちにも，できた脚本を読み聞かせた。
- ○そのあとでそれぞれの子どもたちが「おばけたちの宝探し」のイメージ画を描いた。
- ○それぞれ，「ドラキュラには，牙があるんだよ」「血を飲むんだよ」「えー？　怖い」「魔女は魔法が使えるから何でもできるのよ」「呪文を唱えるけれど，何がいいかなあ」などと話しながら，子どもたちは思い思いの場面を描いていた。
- ●製作コーナーにさまざまな種類の廃材や色画用紙，セロファン，紙類を準備しておいた。
- ○子どもたちは自然に，おばけの話に関連するものを作り出し，ドラキュラが見つけたビン，地図，トマトジュース，船，宝箱，宝，魔女の帽子などの小道具が完成した。
- ●＋○劇の練習を開始した。台詞が子どもにとって言いにくい部分もあったため，子どもとともに言いやすい台詞に訂正していった。その後，子どもたちに何がやりたいかを聞き，配役を決めた。
- ○実際に子どもたちが台詞を言い，本格的な練習を開始した。
- ●＋○言いにくい台詞は，この時点でもどんどん子どもの言いやすい表現に変えていき，台本を変えていった。
- ●＋○劇の背景は，保育者がおおまかな部分を描き，子どもたちが絵の具で色を塗った。
- ●劇の中で，歌をうたうのがよいのではないかと保育者が提案してみたところ，子どもたちから「賛成！」と意見が出たので，お帰りの時間に，「宝探しの歌」を子どもたちに考えてきてほしいと呼びかけた。
- ○ピアノが大好きな1人の女子が，「宝探しの歌」を家で考えてきて，ピアノで弾いてくれた。それをカセットに録音した。
- ●あとで保育者がその曲に伴奏をつけ，うやむやな点は作曲して援助した（図1-2-1）。
- ●ほかの歌の曲は，もとからあるオペレッタ用の曲を使い，それに保育者が詞をつけた。下記の「宝探しの歌」は，子どもたちと練習していた際に，ある子どもが鼻歌でうたったものを土台にして教師が作曲した。
- ○ピアノが好きな子どもにそれらの楽譜をわたして練習を家でしてきてもらった。何人もやりたがったが，最終的に，作曲に意欲的だった2人に決定した。
- ○劇の形がある程度できてきた時点で，ピアノ担当の子どもが伴奏や効果音をつくり出す姿が見られるようになった。

■図1-2-1　「宝探しの歌」楽譜　　　（子どもと教師の合作）

★ばら1組　手作り劇「おばけたちの宝探し」の活動の概略

絵本『よるのようちえん』の読み聞かせ
→ピアノの下でのおばけごっこ遊びがはやる。
→アニメ「千と千尋の神かくし」が大ヒット，「トイレの花子さん」も話題に
→10月行事のハロウィンでおばけに変身した。この頃，おばけ関連の絵本に興味をもつ。
→クラスの子どもがストーリーを考えてきた。
→ハロウィン用に作った飾りに割りばしをつけたペープサートで話が展開していった。
→「おばけたちの宝探し」の絵を描いてもらった。
→劇用の大道具，小道具を子どもたちといっしょに作る。登場人物もみんなで話し合っていった。
→劇の中の宝探しの歌をある子どもが考えてきた。
→3つの歌を考え，ストーリーも完成。台本も完成。
→練習。台詞はどんどん話し合って言いやすく変えていった。

3　まとめ──プロジェクト活動に挑戦をしてみての感想

1）子どもたち自身が考えたお話の場合，日頃の子どもの生活の流れと自然に関連があり，子ども1人ひとりのモチベーションが高く，やる気があり，まちがいなく内的な動機づけがなされていた。また，保育者主導型ではなく，子ども中心の活動だったため，子どもが自主的に言い出したことに対して，保育者はそれを励まし，また彼らの言葉に耳を傾けるように全力を尽くした。話に対する理解や創造力も保育者以上に深まっているように感じた。

2）園外のフィールドワーク，ゲストスピーカーや保護者を招く活動ができなかった。それらを行なっていれば，より多くの体験や知識，情報を子どもたちといっしょに共有できたのではないかと思った。

3）発表会が終わり，年度末の作品展で，この活動の展示をしたところ，多くの保護者が興味を示した。「ばら組さん（年長組）は，自分たちでお話を作ったんだって，すごいね。お

■図1-2-2　手作り劇「おばけたちの宝探し」の記念撮影

ばけの話，おもしろいね」と年中の子どもたちに話しかけている保護者たちがいた。また，自分たちで作った小道具や大道具は，愛着があって捨てることができなかったため，ジャンケン大会をして，勝った子どもが家に持ち帰った。
4）最終的に，子どもたちも保育者もプロジェクト活動を楽しめたので，保育者としても実り多い体験ができ，プロジェクト活動のよさを痛感した。

第3章

音楽・テレビから活動のテーマが生まれるとき

　ふだん聞く音楽，テレビの番組などが，子どもたちの間でブームになることがある。子どもたちが興味を持ったことをテーマにプロジェクト型の保育を進めていく場合，音楽やテレビ番組を無視することはできない。子どもたちの好きな音楽やテレビ番組から，どのようにプロジェクト型保育へとつなげていったのだろうか。以下に2つの実践例をあげた。

第1節　ロバの音楽座の「ガランピーダンス」をもとにしたプロジェクト活動

　「ロバの音楽座」は，古楽器や手作り楽器を使って，幻想的な曲を演奏したり，歌ったり，踊ったりする楽団である。「ロバの音楽座」を園に招き，演奏してもらったところ，「ガランピーダンス」という曲が子どもたちに大人気になった。「ガランピーダンス」は非常にリズムがよく，歌詞もおもしろく，演奏会のあとも，子どもたちはみんな大興奮だった。ある男の子が，保育者に「あの人たち，昔の国から来たの？」と質問していた。彼らの身なりや雰囲気が独特なため，そう感じたのだろう。
　子どもたちの関心が非常に高いことから，この曲をテーマにプロジェクト型の保育をするのはどうだろうか，という話になった。

1　コンセプトマップの作成
1）子どもたちを集めて，「ロバの音楽座の人たち」「ガランピーダンス」と聞いて，どんなことを思い出すかを聞いていった。
2）子どもたちは，自分たちが演奏を聞きながら見たことについてどんどん答えた。「ビヨーンっていうやつ，太鼓，バグパイプ，ヘビみたいな楽器，ラッパ，オルガン，ギターみたいの。シャカシャカするやつ。空き缶の楽器，鈴のついた楽器」など楽器のこと，また，ロバの音楽座の人たちが着ていた青い洋服について，「あの人たち不思議な服を着てたよね」などと答えていた。

○「ガランピー」とはどういうことか，ロバの音楽座の人が以下のように教えてくれた。
   1. あなたが，自分の手で作った音楽や楽器
   2. お金でなかなか買えない音楽や楽器
   3. ドレミファだけじゃない音楽や楽器
   4. お母さんのお弁当のような音楽や楽器
   5. 風や石ころや新聞紙などの音楽や楽器
   6. 子どもの創造の世界を刺激する音楽や楽器
   7. テレビなどではめったに聞くことができない音楽や楽器
   8. 聞いたあと，とても温かい夢をみるような音楽や楽器…etc.

3）自由遊びのときに，「ガランピーダンス」の曲のCD（※ロバの音楽座のCD「ガラン・ピー・ポロン」税込¥3,000 TGCS-106）を流すと，子どもたちはいつもいっしょに大きな声で歌っていた。何回も何回もくり返し，かけてほしいとリクエストがあったので，それに応えてくり返し流した。

4）子どもたちは，ロバの音楽座の人たちが使っていた手作り楽器をまねし，廃材を使って楽器を作りはじめた。マラカス，空き缶を使った打楽器，太鼓，輪ゴムを弦のようにして鳴らす楽器など，さまざまな楽器ができた（図1-3-1）。

5）曲をかけると，曲に合わせて子どもたちは踊ったり，手作り楽器をたたいたりしていた。保育者が本物のボンゴを置いておいたところ，とても気に入って，ボンゴを鳴らす子どものあとを，別の子どもがほかの楽器を鳴らしながら追いかけていく遊びなどが見られた。

6）再び子どもたちに集まってもらった。保育室を暗くし，静まりかえった中で，保育者が「ガランピーダンス」の曲の詩を朗読した。子どもたちに目をつぶってもらって，自分たちのイメージするガランピー村を想像してもらった。

■図1-3-1　子どもたちが作った手作り楽器

第3章 ◆ 音楽・テレビから活動のテーマが生まれるとき ── 27

──★ガランピーダンス歌詞 ──

　未来の森のリュウセイ村で　ガランピー　ガランピー　ゆかいにポロンポロン
　踊ろよラッタッタ　不思議なダンス　祭りすぎれば秋の風
　野菜の森のコロッケ村で　ガランピー　ガランピー　ゆかいにポロンポロン
　踊ろよラッタッタ　不思議なダンス　祭りすぎれば秋の風
　眠りの森のむにゃむにゃ村で　ガランピー　ガランピー　ゆかいにポロンポロン
　踊ろよラッタッタ　不思議なダンス　祭りすぎれば秋の風

7）クラスの子どもたちは，まず「未来の森のリュウセイ村」「野菜の森のコロッケ村」「眠りの森のむにゃむにゃ村」の3つのグループに分かれ，それぞれの村のイメージを話し合った。「どんなものが出てきたか？　どんな雰囲気の村だろう？」と，子どもたちはそれぞれの村について意見を言っていった。それぞれのグループには，保育者1名ずつが入り，子どもたちの意見をまとめていった。

──★子どもたちの声──

　リュウセイ村グループ：「星がいっぱいあるんだよ」「流れ星が流れているの」「未来の人がガランピーを持って踊っているんだ」「未来の木は大きいよ」
　野菜の森のコロッケ村グループ：「コロッケが風に飛ばされているの」「これがコロッケ天使，これがキャベツ天使，これがトマト天使」「ホウレン草の仙人がいて，カブが修行して，タマネギが将棋をしているの」「新聞もあるよ」
　眠りの森のむにゃむにゃ村：「楽器で作ってあるお家だよ」「眠りながら楽器を演奏している人」「土の中で楽器が眠っているの」「地球から初めて赤い木が落ちてきたの」「眠っている人」「レンガのお家にロバが重なっているの」「人は眠っているんだ」

8）自分たちのイメージや意見をもとに，1人ひとりが自分の思い描く森の絵を画用紙にフェルトペンで描いた（図1-3-2, 図1-3-3, 図1-3-4）。その絵をもとに村を立体的に作ってみることにした。段ボール，カラーセロファン，色画用紙，牛乳パックなどの廃材，ひも，手竹ひご，ペン，絵の具など，さまざまな画材を用意してみると，子どもたちはどんどん立体的な村を作っていった（図1-3-5）。

9）1日ではとても完成しなかったので，保育室の片隅にそれぞれの村を置いておいて，好きなときに作りたい人が引き続き作ることにした。数日がかりで，それぞれ個性的な村が完成した。村づくりはほとんどの子どもたちが集中して取り組んでいた。

■図1-3-2　眠りの森のむにゃむにゃ村／
　　　　　イメージイラスト

■図1-3-3　未来の森のリュウセイ村／
　　　　　イメージイラスト

■図1-3-4　野菜の森のコロッケ村／
　　　　　イメージイラスト

> ★子どもたちへのアンケート結果
>
> 質問　手作り劇やガランピーダンスの活動を行なって楽しかったこと。
> 1位　皆で歌詞を作ってうたったり，振り付けを考えて踊ったりしたこと（11名）
> 2位　自分で台詞を考えて，それを言えたこと（7名）
> 3位　皆で協力して劇を作ったこと（7名）
> 4位　自分のなりたい役になって演じたこと（5名）
> 　　　小道具や楽器などが作れたこと（5名）
> 5位　皆で練習してじょうずになっていったこと（4名）

10) 引き続き，ガランピーダンスのCDは大人気だったので，自由遊び中やお弁当の時間にかけ続けた。子どもたちは，そのたびにくり返しうたい，叫び，ダンスをしていた。これほどまでに，子どもたちの気持ちをとりこにするこの曲のすごさに感心した。

■図1-3-5　野菜の森のコロッケ村・立体工作

2 まとめ──プロジェクト型保育に挑戦をしてみての感想

1) 歌詞の朗読を聞いて，イメージを広げたり膨らましたりするという抽象的な活動は，年長児に難しいかと少々迷うところはあったが，実際行なってみると，子どもたちは楽しんで聞いていた。
2) ロバの音楽座の座長が，ゲストスピーカーとして楽器の説明やお話をしてくださったため，より専門的な話をわかりやすく子どもたちに伝えられた。
3) 描画，工作，ダンス，ごっこ遊びなどを通して，子どもたちはさまざまな体験をし，友だちと協力して何か１つのものを作り上げる喜びを感じることができた。
4) 今まで楽器に興味がある子どもといえば，楽器類を習っている子どもたちに限定されがちであった。しかし，打楽器という，子どもたちにとって親しみのある楽器が多かったこともあり，楽器に対する理解や探求心が子どもたちの中からわき上がってきた。
5) 子どもたちは，卒園後も「ガランピーダンスの活動については，忘れていない」と言っている。相当なインパクトがあったようだ。
6) 多数の保護者から，「子どもがガランピーダンスの曲がとにかく好きなので，ぜひCDを購入したい」と要望があった。また，個人的に保護者とロバの音楽座の音楽会に出かけた子どもたちも多く，家庭にもこのプロジェクト型保育が影響したことを感じた。

3 テーマのあるプロジェクト型の保育を通して感じた問題点や今後の課題

1) 保育者は日頃から子どもたちの興味・関心の芽を見つけることが重要。そしてそれらをテーマのあるプロジェクト型の活動へと膨らませていく援助が必要である。
2) 子どもたちからの発案やアイデアは，どうしてもアニメなどのテレビ番組，歌謡曲などの影響を受けてしまう傾向が強い。
3) 子どもたちの話し合いでは，とてもスムーズに多様なアイデアが出るときと，まったく出ないときがあった。話し合いは，徹底してくり返されたが，中だるみをして飽きてしまう子どももいた。そのとき，興味を継続させるため，フィールドワークやゲストスピーカーが有効になるだろう。
4) ストーリーをまとめるにはある程度保育者が援助したり，引っ張ったりする必要がある。「それは，本当の意味で子どもたちの自発的な活動なのか？」「子どもたち自身の手づくりとはいえないのではないか？」「保育者が誘導しているのではないか？」と，保育者自身が迷ったり，困惑したりすることもあった。
5) 子どもたちの意見を聞きすぎて，ストーリーがオムニバス形式になってしまい，まとまりがつかなくなってしまったクラスもあった。
6) リーダー的な子どもが数名いて，その子どもたちが中心になって話し合いなどが進められる傾向になってしまう。その際は，描画や工作の中で，言葉ではあまり表現しない子どもの意見を取り入れるような工夫が必要である。
7) プロジェクト型の活動を年長児のクラスで実践する場合でも，年少や年中の段階から

常に話し合いや意見を出し合う機会や雰囲気をつくり，子どもたちが慣れるようにしておくと，年長児になってからの話し合いや対話が自然になる。また筆者の園では年少・年中児でもプロジェクト活動を試みている。

8）「プロジェクト型の保育」を進めるには，ふだんの保育の環境設定の中で，さまざまな材料や道具をそろえ，それらを自由に使って子どもたちが表現活動（絵，工作，粘土など）ができるようにしておくことが望ましい。子どもたちに物を作ることをすすめると，プロジェクトに関する工作，絵，道具などを主体的に作り出すようになっていった。

9）「プロジェクト型の保育」を理解することはなかなか難しいこともあって，保育者自身，不安を持ったり，困惑したりすることが起こる。保育者どうしが常に話し合いを持ち，反省会をし，活動について協力し合うことが大切。「子どもたちに何を伝えるのか？」「子どもたちにどんな質問をするべきなのか？」「どこまで援助するべきなのか？」などもくり返し話し合うべきである。また，プロジェクト活動に入りこんでいる保育者以外の保育者がその活動について意見を言ったり，支えになったりすることも必要。

10）「プロジェクト型の保育」は，保育年数に関係なく，保育者の力量や個性がよく現われる。活動の終わったあとで，子どもの興味を見つけること，話し合いの進め方・まとめ方，環境設定の工夫，記録のとり方，保育者間の連携・工夫などが，子どもたちの深い関心や理解へと大きく作用することがわかった。筆者の園ではさまざまな保育者が，プロジェクト型の保育を試みているが，なかにはクラス全員で話し合いを行なうだけでなく，大，中，小のグループに分けて行なっているケースもあった。また，台本から，踊り，大道具・小道具もすべて子どもたちが決める場合もあり，保育者の個性がよく出てくる。

11）日本の幼稚園の場合は，四季折々の行事，運動会などが保育の中に組み込まれている。「プロジェクト型の保育」のように長期間にわたって継続する活動を行なうには，時間的な余裕がもっと必要である（筆者はこの点から行事に組み込む形式をとった）。

12）保護者に対して「プロジェクト活動」を行なう「ねらい」や「意義」についての徹底した説明が必要。そして何よりも理解してもらうことが大切である（手紙や保護者会等で説明する）。

13）しかし，「プロジェクト型の保育」を行なう中で，子どもたちはさまざまな経験をした。結果としては，徹底した話し合いをすることで，今まで接点のなかった子どもどうしが話し合いを通してなかよくなり，クラスがまとまり協調性が出た。また，自分の意見を言ったり，他人の意見を聞く態度が身についた。基本的に子どもの手づくり活動はとても素朴で，子どもたちの満足感や充実感は大きく，心を１つにして何かを作り上げる喜びを大いに感じられたようだ。自分たちで作ったということで自信がつき，self esteem（自尊感情）が高まった。

14）現在も，「プロジェクト型の保育」の実践は継続中であり，発生した問題点は次の年にはなるべく改善するように試みている。本来は特別な行事やイベントなどをプロジェ

クトのトピックにするのではなく，日常の保育の中での子どものシンプルな興味などをテーマにして，プロジェクトを自然な流れで継続していくことができたらと考えている。また，保護者に積極的に参加してもらう試みはまだ行なっていないため，今後は保護者へもプロジェクト型の保育に参加を呼びかけていきたいと考えている。最終的に，実際にプロジェクト活動を行なってみたところ，想像していたよりも難しくなく，子どもたちも保育者も楽しめたことが最大の利点だった。

第2節　テレビドラマ「踊る大捜査線」のごっこ遊びから発表会の劇へ

　子どもたちは，うそっこ（虚構）の世界に遊ぶ楽しさをよく知っている。「ケイレイッ！」と呼びかけて，「ケイレイッ！」と応じ，ドラマの世界へ誘われていく。その世界は大人も夢中の世界だから，子どもたちは少し背伸びした気分でもいる。

1　この実践の特色

　5歳児クラスが1年間かけて手作り劇を作り上げる際，保育者の意図が明確であった。子どもや母親たちに流行している「踊る大捜査線」をテーマにしようという，テーマの設定も担任の状況の見取りが見事だった。
　この園では，発表会の5歳児の演目にかなり程度の高いものを選ぶ慣例があった。当時，はやっていたテレビドラマが土台になり，ごっこ遊びから運動会の「踊る大捜査線 キッズ」，そして手作り劇へと発展していった実践である。

2　ごっこ遊びから運動会の種目へ

　「踊る大捜査線」の放映時間は夜9時以降で，子どもたちが見るような時間帯ではなかったが，夕方，再放送が行なわれていたものを見ている子どももいたようだった。また，クラスの中の2〜3名の子どもは，映画化されたものを母親と見に行ったり，ビデオを見たりしていた。映画のコマーシャルがテレビでよく放送されていたので，そのほかの子どももどういう内容のドラマなのかは認識していた。
　運動会前には，「コマーシャルで見たり聞いたりしたことがある」程度の子どももいたので，筆者が主人公の青島刑事はどんな人物なのか，「刑事さん」とはどんなことをするのかを簡単に説明した。この時点での子どもたちは，「踊る大捜査線」というドラマ自体への興味より，刑事のまねをし，パトカーに乗ったつもりになって水鉄砲で相手を撃つことなどに興味を示していた。

3　運動会で行なった「踊る大捜査線 キッズ」の内容

　運動会では，借り物競走と障害物競走を合わせたような「踊る大捜査線 キッズ」という

種目を独自に作り，行なうことにした。運動会の種目については，子どもとのやりとりはなく，保育者が考案した。内容は以下の通りである。

①スタート地点から走って，ブルーシートの敷いてあるところまで行く。
②ブルーシート上のカードをめくり，カードの絵と同じ物を探して身につける（青島刑事のコート，赤・青・黄色のネクタイなど）。
③段ボールで作ったパトカーに乗って平均台まで行く。
④パトカーを降りて，平均台をくぐる。
⑤ネットをくぐり，警察手帳がぶら下がっているところまで走る。
⑥用意されている水鉄砲で警察手帳を落とし，その手帳を持ってゴールまで走る。

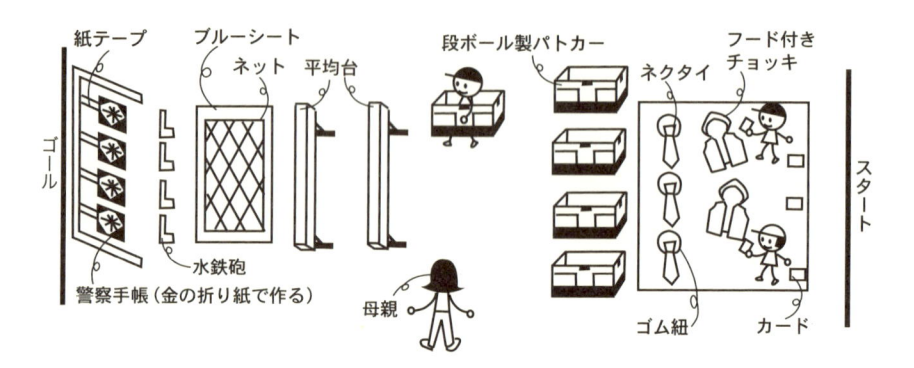

4　劇遊びへの展開

「踊る大捜査線」への子どもたちの本格的な興味が沸いてきたのは，発表会の劇を行なう前からだった。子どもたちがいちばん好きだったのは，「敬礼！」をするポーズや，「スリーアミーゴズ」という署長，副署長，課長の3人組が，手をすり合わせごまをするというポーズで，よく友だちどうしでまねをしていた。また，何人かの子どもたちの間では，「室井さん」という笑わない，眉毛に特徴のある刑事のまねがはやっていて，劇の役決めをするときも，この刑事の役をとてもやりたがっていた。
（「室井さん」の役は絶対にやりたい！　と熱望する2名の子どもがいたため，実は室井さんには双子の弟がいたという設定にし，おもしろく登場させることにした。このことも子どもたちの関心を引きだし，楽しみの一場面となった。）

5　家庭でのようす

クラスの中で，月齢が高く理解力のある女児の母親の話では，「子どもが毎日ドラマのビデオを見て，非常に興味を示している」ということだった。筆者も毎日のようにその女児から，ドラマの内容――「今日はドラマの2話，3話を見るんだ」「1話，2話では○○だった」という話を聞いたが，登場人物のキャラクターも，ストーリーもきちんと理解

していた。また、「室井刑事」の役をやりたがっている子どもの母親によれば、「いっしょに映画のビデオを見たら、長いので途中で飽きてしまったけれど、室井刑事が出るところだけは必ずよく見ている」ということだった。「ドラマや映画の内容は子どもには難しいけれど、先生が劇用に作った話は楽しいようです」という声もあった。

6 ディスカッションの一場面

　劇の練習後、毎回子どもたちと練習の方法、演じ方などの話し合いを重ね、子どもたちが主体的に取り組めるように配慮した。

保育者：今日の練習は、どうだったかな？　お友だちのことでも自分のことでもいいから、「ここはよかった、ここはもう少しこうしたほうがいい」とか、みんなでお話ししてみよう。
──少し考えたあと、3名～4名が手をあげる。
男児R：Kちゃんは、役になりきっている。大きな声でかっこいい。
女児M：Mくんの室井さん、すごく似ていていいと思う。
女児S：私、きのうは台詞を忘れちゃったけど、今日は全部言えたから、明日も言えるように家で練習する！
保育者：KちゃんやMくんのように、役になりきって、大きな声で堂々と台詞を言うには、どうしたらいいと思う？
──「練習する！」という声が多い。
保育者：「練習する」、そうだね。じゃあ、どういうふうに練習したらいいんだろう？　先生は、じょうずに言えるところだけじゃなくて、まちがってしまうところの台詞をたくさん練習したほうがいいと思うな。だって、忘れちゃうかもしれない、まちがうかもしれないって思って台詞を言っていると、お顔が不安になって、役になりきることができないし、小さい声になるよね？
──子どもたちは「うん、うん」とうなずいている。
女児Y：お家で、お母さんに見られないように、まちがえちゃうところをたくさん練習する。えりこ先生が書いてくれた紙を見て。
女児S：SはKちゃんに見てもらう。いっしょに練習する。
保育者：お友だちに聞いてもらうの、すごくいいと思うよ。聞いていたお友だちも、もっと偉そうにしたほうがいいとか、怖そうにとか、言ってあげてね。
──「はーい！」と、みんなが答える。
男児T：「スリーアミーゴズ」は、おもしろくてじょうず！
──「うん、じょうず、じょうず！」「ぼくもまねできるよ！」などと、盛り上がる。
保育者：先生も「スリーアミーゴズ」の3人は、おもしろくていつも笑っちゃう。きっと、お客さんも笑ってくれるだろうね。
──「スリーアミーゴズ」役の3人は、とてもうれしそうにしている。

男児M：警官が台詞を忘れちゃうことが多いから，もっと覚えたほうがいいよ。
保育者：そうかぁ。警官の役の2人，どうかな？　Hくん，Yくん，まだ，忘れちゃう台詞があるかな？
男児H：まだ，覚えていないところがある。
男児Y：ぼくも。
保育者：じゃあ，さっきSちゃんが言っていたように，お友だちに聞いてもらったり，紙を見たりしながら，まちがっちゃうところをたくさん練習してがんばろう！　でもね，Hくん，Yくんだけじゃなく，みんな，まだ自信がないなぁって思うところがあると思うから，みんなでがんばろうね！
女児K：副総監のYちゃんはいちばん偉い役だから，真ん中じゃなくて，いちばん前を歩いたほうがいいと思う。
保育者：そうかぁ。先生，気がつかなかった。じゃあ，そこのところ，舞台でやってみよう。見ている人は，真ん中にYちゃんがいるのと，いちばん前にいるの，どっちがいいか考えてね。
──実際に舞台で演じて比べてみる。
保育者：どっちがよかったかな？
──「いちばん前のほうがいい！」という声が多い。
保育者：Yちゃんはどっちがいい？
女児Y：前のほうがいいな。
保育者：じゃあ，いちばん前を歩くことにしよう。今のKちゃんみたいに，こういうふうに変えたいとか，台詞も少し変えてみたいとかがあったら，どんどんみんなで考えていこうね！

7　この実践で，子どもたちがどのように育ったか

1）3歳児・4歳児のときは，人前で何かをするということが苦手だった何人かの子どもが，堂々と役になりきって，楽しみながら演技できるようになった。これは，ふだんの練習のときから楽しんで役になりきっていたこと，演技について友だちや保育者からほめられ，自信が持てたことの2つが大きかったと思う。

2）題材として少し難しいかなと思いつつ，この演目を選んだが，子どもにわかりやすいようにストーリーをかみ砕き，子どもが興味を示すような内容を盛り込み，キャラクターを少しオーバーに説明することで，理解力の増してきた子どもたちにとって，魅力のある題材になったのであろう。

3）練習後のディスカッションで，1人ひとりが「考える」「意見が言える」「友だちの演技もよく見て，よいところを認め，アドバイスできる」などの力が培われた。

4）クラスの子どもたちから，ふだんからけんかが多い，保育者に怒られることが多いなどの印象があるような子どもについて，クラスの子どもたちは，「演技がとてもじょうずですごい」と，よい面を認めることができた。そのことで，クラスの雰囲気がとても

よくなり，子どもたちが団結した。
5）よい劇にしようという共通の思いが，みんなでひとつの物を作り上げる「仲間意識」に発展していった。
6）練習を「やらされている」のではなく，自分たちで楽しんで行なっているという意識があるからか，劇の流れをよく理解していた。保育者がいちいち指示を出さなくても，次はこの場面で，この小道具を使うなど，子どもたちが協力し合い，とても意欲的に取り組んでいた。
7）保育者は，常に子どもの目線で遊び，必要に応じて「大人の知恵」を貸すことが大切である。

8　発表会を終えて

1）「プロジェクト型の保育」に取り組んだこの5歳児のクラスは，基本的に3歳入園時からクラス替えがなかったので，子ども・保護者との温かい交流・信頼関係があった。
2）発表会の劇の題材に「踊る大捜査線」を選んだとき，運動会の時点での，ただ水鉄砲を撃って刑事のまねをするだけの楽しさから，どうやって劇の内容や登場人物への興味へと導いていくのかと難しさを感じた。
3）まったく「踊る大捜査線」を知らなかった子どもに，どうわかりやすく内容を伝えるかを考えた末に，映画の内容を子ども向けにわかりやすくアレンジし，役柄などをオーバーに演じながら，子どもに語ってみた。
4）子どもたちは予想以上に「語り」を真剣に聞き，「次はどうなるの？」と，ドキドキしているようすが伝わってきた。これは，だいぶん前から毎日お帰りの時間の前に，少しずつ『エルマーと16ぴきのりゅう』のお話を読み聞かせていたことで，話をじっくり聞きながら，その場面を思い描くことに慣れてきていたこともあったと思う。
5）「語り」をした次の日，ビデオを見ながら「きのうのお話に出てきた1人ひとり」を紹介した。この時点で，笑わず，眉毛に特徴のある室井刑事，おどけたスリーアミーゴズ，主役の青島刑事が，子どもたちにとても人気があった（女児には，すみれさんという少し気の強い美人の女刑事が人気があった）。
6）本庁の刑事は人気がなかったが，筆者がいばったようすをおもしろおかしく演じて見せたところ，「やりたい！」という子どもがふえてきた。
7）本庁の刑事役の子どもの中には，自分から「もっといばって見えるように，机の上に足を投げ出してもいい？」と，練習のときに提案してきた子もいた。
8）主役の子どもも「もっと，大人の声みたいに聞こえるように，今日はちょっと声を低くしてみたんだ」と，自分なりに役を考えていた。
9）当日は，BGMを担当しながら，子どもの迫真の演技に思わず笑ってしまった。観客が大爆笑をしているのを見て，子どもたちも大満足だったと思う。
10）後日，卒園アルバムの個人写真を撮るときも，本庁の刑事になりきって，こうしたい，

> **★テレビドラマ「踊る大捜査線」とは**
>
> 　1997年1月7日から1997年3月18日に，フジテレビ系列で放映された「踊る大捜査線」は，20％台の高視聴率を誇る刑事物の連続テレビドラマであった。スペシャル番組としても何回か放送され，その後，舞台化や映画化もされて現在まで人気のあるドラマである。
> 　従来の犯人逮捕に重点を置いた刑事ドラマとは異なり，架空の湾岸署に赴任してきた若い青島刑事を主人公に，署内の権力争いや，警視庁と所轄署との立場の違いからおこる摩擦など，人間味あふれる警察官の姿を描いている。湾岸署の神田署長，秋山副署長，袴田刑事課長の3人は「スリーアミーゴス」とよばれ，脇役の中で特にファンに人気がある。

ああしたいとポーズをとっている子どももいて，カメラマンも笑ってしまっていた。

11）筆者の園では，卒園式で証書をもらうとき，園での思い出やこれからの希望などについて，1人ひとりが話すのだが，「スリーアミーゴスの役ができて，とても楽しかったです。お客さんもたくさん笑ってくれました」と言う子どももいた。「踊る大捜査線」のシリーズがテレビで放映されるたびに，子どもたちは大きくなっても，きっと「あのとき，この劇をやって楽しかった！」と，思い出してくれるだろう。

12）今，子どもの興味・関心を集めているテレビ番組の歌やキャラクターを，いくつ知っているだろうか。子どもと楽しみを共有するのも大事なことだと思った。

　ある園で，テレビ『日本語であそぼう』の「ややこしやー　ややこしやー」という台詞がはやり，体の動きや即興の言葉も入り，楽しい遊びになっていた。さまざまな場のややこしさを，仲間と遊びながら理解し，言葉が広がっていっていた。テレビ番組の影響力には，このようなプラス面もあり，保育に大いに活用したい。

第4章

ふだんの「ごっこ遊び」から発表会の劇へ

　子どもたちの間に,「なったつもり」のおばけの遊びが行なわれていた。そこへ,絵本『おしいれのぼうけん』(古田足日・田畑精一作　童心社刊)を担任保育者が投入した。子どもたちは「おしいれ」と「ねずみばあさん」に,怖いけれども,もっと見たい・聞きたいと興味がわく。現実には見えない世界を想像する。想像の世界で仲間と交流し,意見交換し,表現し,遊びが広がる。
　ここで絵本『おしいれのぼうけん』を選択した担任は,すでに子どもに聞かせたい多くの文学の蓄積があり,その中での選択であった。この意味は大きい。

第1節　『おしいれのぼうけん』の絵本から発表会の劇へ

§その1　『おしいれのぼうけん』

1　ねずみばあさんごっこ Part 1（6月上旬）
1）以前から保育室でおばけをぶら下げたおばけの家を作っていた。
2）絵本の『おしいれのぼうけん』を3日間かけて読み,読み終わった日にねずみばあさんからの挑戦状（保育者が作ったもの）が届くという設定で,クラス全体で宝探しを行なった。

★ねずみばあさんの挑戦状

かぜぐみのみんなへ
　ヒッヒッヒッヒ……。わたしゃ,ねずみばあさんじゃよ。さとしくんたちは,ゆうきをだして,わしらにかったが,かぜぐみのみんなはゆうきがあるかの～。かぜぐみのみんなにちょうせんじょうじゃ。あけみようちえんにたからをかくした。グループの

> おともだちと，ちずを1まいずつもって，そのたからをさがすんじゃ。グループのおともだちとちからをあわせて，さがすんじゃぞ。もし，グループのおともだちがばらばらになってしまったら，こぶんのねずみたちが，おなかをすかして，みんなをみておるぞ〜。ヒッヒッヒッヒ……。さぁ，みんなでたからをさがせるかの〜。かぜぐみのぼうけんのしゅっぱつじゃ！
> 　　　　　　　　　　　　　　　　　　　　　　　　　　　　　　ねずみばあさんより

3) 6枚の地図が同封されている。1グループずつそれぞれの地図を持って宝探しに向かう。グループごとに見つけた宝は紙切れで，それをすべてつなぎ合わせると，最後のキーワード「みずのあるところ」と書かれてある。みんなで水のある場所を探しに向かうと，水道の近くに箱を発見する。

4) 中に，トロフィー（教師手作り）が入っていた。幼児は，歓声をあげたり，ガッツポーズをしたりして，大喜びをする。地図を壁に貼りトロフィーを並べて，見たり手に取れるように環境を作った。

5) 次の日登園すると，子どもたちは昨日の宝探しの話で盛り上がっていた。「先生もねずみばあさんのまねをして地図を作ってみたんだけど，かぜ組でも宝探しできるかなぁ」と保育者がつぶやくと，男児がペットボトルのキャップに金紙をまき，宝を作りはじめたり，用意していた地図を持ちながら「宝はどこだ!?」「あっちかも〜！」と室内を探し回ったりして遊び出した。宝を隠して探すというやりとりはないが，昨日のねずみばあさんの宝探しが，子どもたちの中で印象的だったようで，みんなで地図を持って園舎内を探し回るという行為を楽しんでいた。

6) K子がねずみばあさんからの手紙を見ながら，「先生，私もねずみばあさんのまねができるんだよ。…ヒッヒッヒッヒッヒッヒ〜」と保育者が本を読んだときのまねをした。保育者は「K子ちゃんすごいね。似ているよ！　これなら，K子ちゃんもねずみばあさんに変身できるね。K子ちゃん，いっしょにねずみばあさんに変身しちゃおうよ」と言って，画用紙で作ったねずみの耳をつけ，茶色のポリ袋を上から被り，ねずみばあさんになる。「わぁ，ねずみばあさんだ！」「宝を隠してよ」「K子はねずみばあさんの子分になる！」と，K子がたいへん喜んだため，事前に用意していたペープサートでは遊ばずにねずみばあさんに変身して遊ぶことになった。男児は戦いごっこのように，ねずみばあさんに変身した保育者をやっつけようとする素振りをする。

7) その後，おばけの家をねずみの家とし，保育者とK子が宝を隠し，ほかの子どもたちが宝を見つける遊びをしながら，子分用のねずみの耳や服を用意した。

8) 「さぁ，子分たち！　宝を隠す準備をするわよ」と，保育者が子どもたちに声をかけ，ねずみの家に集まって，宝を隠す相談をした。最初は，同じところばかりに隠していたが，徐々に作戦を立てるようになり，隠す係と，係が隠しているときにほかの子どもたちの注意を引く係を決めて，宝を隠すようになった。

9）男児も女児もいっしょになって，クラスみんなで1つの遊びを楽しんだ。また，男児もねずみばあさんに変身することを楽しんでもらいたかったので，ねずみの家を充実させながら，ねずみの耳やしっぽ，服などの教材を次つぎに用意していった。同時に，ねずみの食べ物としてチーズ作りも始めた。
10）「ぼくも耳を作りたい」と言って，ねずみの耳をつけたり，チーズを作ったりする男児がふえた。
11）言葉はねずみ語を使い，「チーズができたでチュー」と友だちどうしで話すようになった。かたづけの時間になると，「人間の世界にもどるでチュー」と言ってかたづけを始め，ねずみになりきって遊んでいた。
12）男児と女児がいっしょにねずみばあさんごっこを楽しんでいるので，運動的な遊びを取り入れたらもっと関わりが深まると思った。平均台（上にところどころ，猫の絵を置く），トンネル（黒いポリ袋をつける）を用意すると，ねずみの耳をつけて平均台を渡ったり，ねずみの家の入り口としてトンネルをくぐったりして遊ぶ姿が見られるようになった。
13）その後，もっとねずみの家を広くとり，ままごとコーナーとねずみの家を合体させると，ねずみのお母さんが料理を作ったり，ベッドにねずみの赤ちゃんが寝たり，ねずみの家族ごっこが始まった。

2　反省・評価

1）この遊びを通して，大勢の男児と女児がいっしょに関わって遊べたことがとてもよかった。
2）保育者が事前に考えていたペープサートの遊びに無理やり持っていくのではなく，K子の「私もねずみばあさんのまねができるんだよ」という言葉から，柔軟に子どもたちの姿に対応できてよかったと思う。また，それまでに表現的な遊びをしていなかった男児が，保育者が思っていたよりも，ねずみになることを恥ずかしがらずに楽しめたことも，驚くとともにうれしかった。その姿も大切にして，この遊びを長く続けたいと思えた。
3）今回の遊びでは，保育者が中心になって遊びを進めてしまった。ねずみばあさんになることも，保育者が思い切り表現することで，子どもたちもねずみになりきり，盛り上がったが，ねずみばあさんは保育者の役柄というイメージが子どもたちの中で定着してしまい，保育者自身の引き際がわからず，遊びの中での自分の位置づけに戸惑いながら取り組むようになってしまった。子どもたちの年齢や時期によって，表現遊びにおける保育者の適当な位置を考えていかないといけないなと感じた。
4）今回に限ることではないのだが，ごっこ遊びの終わらせ方にいつも悩む。今回のねずみばあさんごっこでは，1学期の終わりにもさしかかっていたので，部屋をかたづけるように少しずつねずみの家もかたづけていったが，どういう終わり方がよいのかは迷う

ところである。

3 ねずみばあさんごっこ Part 2 （10月上旬～11月）

　1学期に，ねずみばあさんごっこで子どもたちがとても楽しめたので，生活発表会につなげられるかもしれないと思い，2学期も意図的にこの遊びを続けた。

1）1学期にも使用していたねずみの耳をつけたり，洋服を着たりして，ねずみの家も1学期のまま，ままごとを楽しんだ。ねずみの家に「屋根をつけたい」「ドアをつけたい」などと子どもたちから要望があったので，1学期に使用したポリ袋を壁や屋根にしたり，段ボールに穴を開けて入り口にしたり，子どもたちといっしょにねずみの家の雰囲気を作った。
2）そのあとは，ままごとを楽しみながら，ねずみばあさんからもらったトロフィーを隠して，宝探しをした。「みんなだけの宝を作ろうよ」と言うと，子どもたちは，どんな宝にするか考えはじめた。
3）「チーズがいいよね」「宝だから金色にしよう」と，チーズの形にした牛乳パックに金色の折り紙をつけ，金色のチーズを作った。子どもたちは「偽物のチーズも作りたい」と，茶色や灰色の折り紙をつけた腐ったチーズも作った。
4）そのあとは，自分たちで地図を作り，本物の宝や偽物の宝を隠して宝探しをしたり，ねずみのままごと遊びをしたりした。

4 生活発表会に向けての活動

1）年少組のときの生活発表会で自分たちが演じた劇や，年長組の演じた劇を見た経験を話し合った。今年も生活発表会で劇をすることを告げた。「年少のときは，ちいやぎちゃん（『おおかみと7ひきの子やぎ』）やったよ」「○○君はおおかみだったんだよ」「年長さんの『ハリーポッター』を見たよ」「魔法の学校のお話だった」「忍者もいたよ」など，期待感が盛り上がるような楽しい話を引き出すようにした。
2）保育者としては，1・2学期を通して楽しんできたねずみばあさんごっこを劇に発展できたらいいなと思っていた。どんな劇をやりたいかと聞くと，「忍者になりたい」「海賊になりたい」など，なりたい役柄はあるが，劇の内容やストーリーについては，子どもたちの中から出てこなかった。どんな話の劇にしたいかもみんなで決めていきたいと話すと，「宝探しの探検がいい」「『おおかみと7ひきの子やぎ』がいいな」「前にやったよ」などと，意見が出た。そこで，「どんな冒険のお話がいい？」と水を向けると，やっと「ねずみばあさんの冒険の話がいいんじゃない？」「私，ねずみばあさんの声をまねできるよ」と，『おしいれのぼうけん』が出てきた。「『おしいれのぼうけん』じゃ，いやだ」という子がいたので，なぜいやなのかを聞くと「忍者がやりたいから」と答えた。保育者が「忍者や海賊が『おしいれのぼうけん』に出てきて，宝を探したり，ねず

みばあさんと戦ったりしたらどうかなあ」と提案すると，全員が納得した。
3）子どもたちにやりたいと思っている役の話を聞き，黒板に書いていった。「ねずみばあさんがやりたい」「○○くんは，オリンピック選手がいいんじゃない？」など，いろいろな役が生まれた。ストーリーは，冒険話を具体的にするために，みんなで話し合った。1学期に行なわれたねずみばあさんの宝探しを思い出し，みんなの宝をねずみばあさんが隠してしまい，それを探し出すという話に決まった。
4）ストーリーが整理できるように，またきちんとクラス全員に浸透するように，保育者が紙芝居を作って子どもたちに見せた。そのあと，紙芝居を子どもの手の届くところに置いておき，子どもが色塗りをできるようにしておいたり，完成したものを壁に貼ったりしておいた。
5）劇遊びとして，日替わりでやりたい役に取り組んだ。保育者も仲間に加わり，劇の流れを作りながら，子どもたちから出てきた言葉や表現をその都度書き留めていった。さらに，子どもがいろいろな役を楽しみながら，劇の流れを理解し，何の役を演じても動きがわかるように，くり返し遊んだ。書き留めた言葉や表現は，次の日の劇遊びでも子どもたちが意識して取り組めるように，遊びのあとやお帰りの時間にふり返り，認め合ったり，感想を聞くようにしていった。
6）保育室で行なっていた劇遊びを，実際に発表会が行なわれるホールで，子どもたちの動きに合わせて決めていった。また，いろいろな役をくり返すことで，みんなが全員の動きを把握できるようにした。その中で，子どもたちが選ばなくなった役は，子どもたちと話し合って削除していった。
7）ホールで劇遊びをしていく中で，大道具や小道具が必要だということに気づかせ，船，宝など必要なものは，遊びの中で作っていった。
8）台詞を壁に貼っておき，台詞や動きの順序がいつでも確認できるようにしておいた。
9）さまざまな役に取り組んだあとに，生活発表会のときにやりたい役を話し合っていった。ねずみばあさんの役は，以前経験したOHPを使うことにした。
10）1人ひとりの役が決まったあとは，役ごと，グループごとに子どもたちを集め，衣装や台詞の割り振りなどを，保育者も参加して話し合った。1グループ，衣装や小道具は3点までと約束し，どういう物を身につけたいか，どんな材料で作りたいかも決めていった。材料は保育者がある程度決め，見本を見せたり，今までの遊びの中で使った物を思い出させるようにした。グループごとの会議のときも，ほかの役の子も気にして参加したり，アイデアを出したりしていた。

5　反省・評価

1）1学期からの遊びの続きでもあるし，1学期のときのように保育者がねずみばあさんになって遊びを引っ張っていくのではなく，自分たちで遊びを作っていってほしいと思い，見守っていくことを重視していったが，ままごとの遊びの中での援助は，もっとて

いねいに関わったほうがよかったと反省している。ねずみばあさんの子分になるという表現遊びだけではなく，ままごとも楽しんでいたので，いろいろな食べ物やままごと道具などを自分たちで作ることも楽しめるような材料を準備しておけば，ままごと遊びとしてもっと充実できたかなと感じた。
2）ねずみの耳や洋服は，いつでも子どもたちが出し入れしやすいように，壁にかけたひもにぶら下げられるようにしたが，遊んでいる子どもたちの体に触れて耳がすぐに取れてしまったり，洋服が落ちてしまったりしたので，子どもたち自身で管理しやすいように，保育者がもっと工夫することも大切だと改めて感じた。

6　成果と課題

1）少人数でごっこ遊びを展開していくのではなく，クラスみんなで取り上げていけるごっこ遊びができた。また，そういう姿から，生活発表会の劇（『おしいれのぼうけん』の劇）につなげていけたのもよかったと思う。
2）日ごろからさまざまな素材に触れる十分な時間があってもいいのかなと思う。そのさまざまな素材を扱う経験が，保育者自身の教材研究を含めて，もっと必要だったなと思った。
3）改めてイメージの共有の難しさを感じた。今回は絵本や雑誌，チラシなどを多く利用し，イメージを共有できるように心がけたが，子どもたち間で，準備したり，話し合ったり，分担したり，協力したりするうえでのイメージの共有というものを，保育者自身がどうとらえ，援助していくかが大切だと感じた。これからの課題として，子どもたちの年齢や時期に合わせたイメージの共有への援助を考えていきたいと思う。
4）子どもたちとごっこ遊びを展開していく中で，改めて「ねらい」をしっかり把握していないといけないと思った。作ったり見立てたりすることなのか，なりきって表現を楽しむことなのか，子どもたちのイメージを引き出して形にしていくことなのかなど，その時どきのねらいを保育者が把握することで，保育者自身も援助がしやすくなることを実感した。また，そういうねらいがきちんととらえられていれば，保育者自身の早く形にしようとする焦りがなくなり，見守ることもできるようになると思う。これからの課題としては，保育者が引っ張って遊びを進めていくときと見守るときとのタイミングを見極められるようになりたい。また，保育者のねらいが達成されやすいごっこ遊びが，自分の中で定まっていけばいいなと思う。それと同時にふさわしいごっこ遊びの終わり方も学んでいきたい。
5）保護者には1学期から，『おしいれのぼうけん』の絵本のこと，宝探し，ねずみばあさんを信じる気持ち，ねずみばあさんごっこなど，ふだんの幼児の姿を降園時やクラス便りで伝えていた。また，発表会で『おしいれのぼうけん』をもとにした劇をしようと考えたとき，保護者にも『おしいれのぼうけん』を知ってもらおうと，絵本の貸し出しをした。子どもたちだけでなく，保護者にも『おしいれのぼうけん』やねずみばあさん

の存在が浸透していたため，保護者が自宅で行なったハロウィンパーティで，ねずみばあさんのイラストを使って楽しむゲームもあったようだった。
6）2学期末に行なわれた発表会後は，幼児が自信を持って発表する姿に感動したり，ねずみばあさんを信じる気持ちをかわいいと感じたりしてくれる保護者が多かった。ますますねずみばあさんの存在が浸透し，卒園前には，卒園のお祝いとして，子どもにねずみばあさんの（担任が書いたもの）サイン入り絵本を渡す保護者も出た。

§その2　オリンピックごっこ（5歳児）

プロジェクト型の保育を実現するカリキュラムには，自由にもの作りをし，その作ったもので遊ぶ機会が用意される必要がある。そこでは，さまざまな素材が用意される。ものを作って遊ぶ，遊びながら作る，表現したものを展示する空間も用意される——そのような中で子どもは1人ひとり表現することの喜びやその技術を学びとる。

以下の事例のように，1つのテーマのもとで作ったもので競い合う経験の機会に出会うことは，1人の活動がクラスの活動に広がることになる。

1　「オリンピックごっこ」のよさは何か
1）クラス全員が，夏休みのテレビ観戦で興味をもったオリンピックをテーマに活動することで，子どもたちはやったことがないことにも誘われて試し，できるようになると，おもしろくなってくり返しするようになる。
2）また，競い合うことで，負けたらもう一度する，壊れたら補修する，やり直して挑戦するなど，くり返し挑戦する意欲が盛んになる。その機会に背伸びして獲得する学びは大きい。

2　子どもたちの状況と，保育者の準備
1）9月上旬～10月下旬，子どもたちは，遊びの中で割りばしや空き箱を使ってくじを作ったり，ボーリングや射的をしたりしていた。また同時に，夏休みのオリンピックの影響により，メダル作りや国旗作りにも取り組んでいた。子どもたちのオリンピックへのイメージを探りながら，オリンピックの雰囲気をいっしょに作って楽しめたらと考え，子どもたちとオリンピックを思い出せるような話を交わしたり，イメージがわきやすくなるように雑誌を用意したりした。また，1学期末にできなかった水遊びの1つとして，船作りを始めた。
2）その当時の子どもたちは，友だちのまねをする姿が多かったので，自分で工夫して作ったり，発見したりすることを楽しめるものにしようと考え，牛乳パック・割りばし・輪ゴム・プロペラ・ビニールテープ・スポンジの棒などを用意した。

3　個々の遊びをまとめてオリンピックごっこに

　最初は，ほかの子どもたちにも広めていきたいと思い，保育室横のテラスに置いたベビーバスに船を浮かべていたが，プロペラが回り，船がきちんと前に進むようになると，子どもたちももっと広いところで船を浮かべたいと言うようになった。

　そこで，保育室から離れたホール横のプールで行なうようにした。船の作り方は，子どもたちといっしょに失敗をしながら，どうやったらうまくプロペラが回るのかを考えさせた。くり返し作り直しながら，プロペラの位置や割りばしの位置を研究し，適した位置を見つけたり，またそれを友だちと教えあったりする姿が見られるようになった。

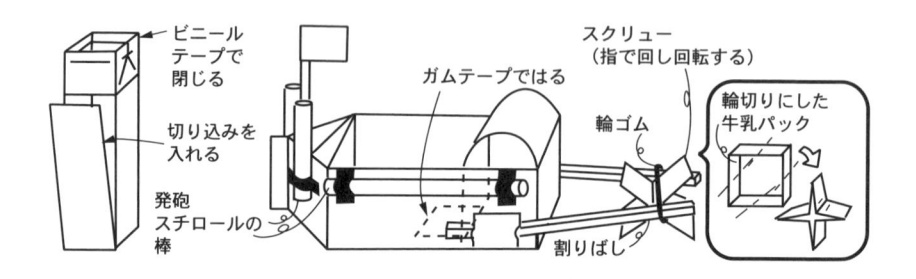

（図：ビニールテープで閉じる／切り込みを入れる／発砲スチロールの棒／ガムテープではる／スクリュー（指で回し回転する）／輪ゴム／輪切りにした牛乳パック／割りばし）

　船作りやボーリングなどの遊びを，オリンピックごっことしていっしょにできないかと考え，降園時のクラスでの集まりのときに，「たくさんメダルができたみたいだけど，かぜ組でオリンピックをしない？」と声をかけると，「くじ引き！」「ボーリング！」「射的！」と返事が返ってきた。そのあと改めて，競技，日時を子どもたちと話し合って決め，①くじ引きオリンピック，②船のオリンピック，③射的のオリンピックをすることになる。

1）くじ引きオリンピックは，この遊びにあまり関わっていなかった子どもたちも，その場ですぐにできる参加種目となり，全員の子どもたちが選手として参加した。
　次の日に，「オリンピック新聞」を作り，くじ引きでのメダル獲得者の名前を子どもたちと書いた。

2）船のオリンピックは，出場したい選手だけが参加し，日にちに合わせて練習をしたり，友だちどうしで勝負をしたりした。選手ではない子どもたちにも参加意識をもってもらいたいと思い，「応援の旗を作ろう」と声をかけ，上質紙・画用紙で国旗や応援の旗を作った。

3）射的はテレビで取り上げていた，新聞紙・輪ゴム・割りばし・ティッシュでできるものを作った。鉄砲を作ることだけでなく，的の大きさや打つ距離，点数なども競技としていっしょに考えていけたらと思い，鉄砲から玉を飛ばすことを十分に楽しんでから，さまざまな的を用意し，オリンピックの競技としてどういうふうに順位を決めていくかを考えることを，子どもたちに投げかけた。

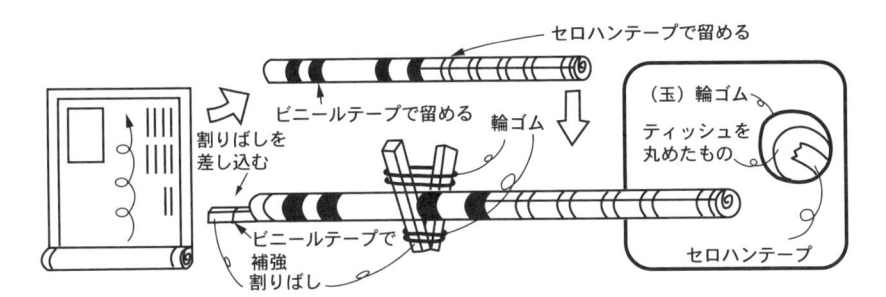

撃つ場所にビニールテープで印をつけたり，点数をつけたりすることは子どもたちに任せて見守った。最初は大きい的に高い点数がついていたが，射的でくり返し遊ぶうちに，小さい的のほうが倒しにくいことに気づき，小さい的に高い点数がつけられるようになった。

　射的のオリンピックでは，船のオリンピック同様，出場したい選手だけが参加した。応援する子どもたちの客席と客席番号のチケットを作って配るなど，会場作りを楽しむ子どもたちの姿も見られた。

　また，オリンピックの準備として，巧技台で表彰台を作り，オリンピックを開催する日にちは，事前に子どもたちと相談し，知らせていった。

4　反省・評価

1）船を浮かべる場所について，最初からホール横のプールだと子どもたちに刺激がないし，また，船がうまく進んだときの喜びに対してすぐに保育者が共感できるようにしたいと思い，当初はベビーバスで行なっていた。そのあと，ホール横のプールで行なってみたものの，プールの深さや大きさが適当でなかったのか，プール中央に浮かんだ船が取りづらかったり，園服を濡らしてしまったりで，子どもたちが自分たちで扱うには少し大きすぎたように思う。また，プールのある場所も，保育室からは少し遠かったので，人数を把握していても常に気がかりだった。子どもたちが扱いやすい大きさのプールを，適切な場所にブルーシートなどで作ってみてもよかったかなと思う。

2）これまでの子どもたちの姿として，制作は，友だちのまねをするだけですましてしまう子どもたちが多かった。自分で工夫して作る楽しさを感じてほしいという思いを込めて援助をしてきたつもりだったが，教材の選び方に反省点があった。船の大きさや形，プロペラの大きさももっとさまざまなものを用意すれば，自分たちで工夫したり，試したり，研究したりする意欲がもっと持てたのかなと感じた。保育者の思いを，きちんと形として反映できるような教材研究が必要だった。

4）オリンピックに出場する選手の応援を楽しむ子どもたちが多かったので，ただ単に紙で作る旗だけでなく，事前にさまざまな素材を用意したり，いろいろな応援グッズを考

えたりすればよかったと思った。

第2節　『3びきのやぎのがらがらどん』

　時間がゆったりと流れている保育園の生活。3歳児クラスの子どもたちが，その流れの中で思いのままに遊んでいる。そこへ『3匹のやぎのがらがらどん』のお話の世界が入りこむ。子どもたちは，さっそく身振り，表情，言葉を使って，子やぎになったつもり，トロルになったつもりで，それぞれの役割になりきり，虚構の世界を楽しんでいる。話の筋立ても，子どもたちなりに理解し，「お楽しみ会」に通常の表現遊びを，無理なく披露できた。

　担任の心の安定も見逃せない。効率的な保育文化の中で，指図の巧みさを競う保育では，仲間のきずなは結ばれない。ゆったり流れる生活の中で，保育者の身も心も安定し，保育者間の協同の関わりもあって「ごっこ」が充実する。以下，公立保育所での実践記録を示す。

1　クラスの「ねらい」

　［園　児］23名（3歳児クラス，障害児3名を含む）
　［保育者］2名
　今年度のクラスの「ねらい」を下に記す。
- ・基本的な生活習慣を身につけ，「明日」への期待をふくらませながら見通しを持って生活する
- ・自然に親しみ，戸外遊びや散歩を通して友だちと大いに遊び，楽しさを共有する
- ・遊びや生活経験を通して，思いや感動を言葉やさまざまな形で表現しようとする

2　遊びの中で育つ子どもたち

　年間を通して，戸外で自然にふれながらいろいろな体験をし，子どもたちが遊びの中で友だちと共感し，友だちの中の自分に自信が持てるような保育をしてきた。

　自分に自信がつくと，仲間や集団の力も大きくなることを，3歳児の保育で実感できた。「○○って楽しいね」と同じ体験を通して気持ちがつながっている子どもたちは，絵本のイメージも共有しながら楽しめた。季節の本やイメージが広がる絵本を選択しながら，読み聞かせをし，絵本コーナーに絵本を置き，絵本も身近に感じながら生活した。

　その中での『3びきのやぎのがらがらどん』はみんなでくり返し楽しんだ絵本の1つである。トロルが出てくると「キャー」と歓声をあげ，大きいやぎが橋を渡る場面では「ガタンゴトン」とみんなでトロルをやっつけるような勢いで，大声で橋の鳴る音を出したりした。絵本のイメージを広げ，公園でのアスレチックのつり橋では，トロルや，やぎにな

って「がらがらどんごっこ」をした。「鬼ごっこ」ではなくトロルが鬼になる「がらがらどんごっこ」は，言葉の意味がわからなくてもイメージの中で遊べる3歳児には，本当にぴったりのものだった。

3　お楽しみ会（12月）

　保育園での大きな年中行事の中に，お楽しみ会というものがある。3歳児クラスからの参加で，子どもたちにとっては初めての経験だった。
　お楽しみ会のねらいは「友だちといっしょに表現遊びを楽しむ」というものだが，発表形式では，大勢の保護者やほかのクラスからの注目を浴びるという，いつもとは違う環境が想定される。その中で，クラスの子どもたちが友だちといっしょに楽しめる内容にしたいというのが筆者の願いだった。そして，日々の遊びの中の表現遊びを考えたとき，思いついたのはやはり「がらがらどんごっこ」だった。

1）遊びの中では，好きな役割をその日その日によって自分で選んで，いろいろな役を楽しんでいた。どの子どもがどの役を演じても楽しめる，のびのびと表現できる取り組みを計画した。大・中・小のやぎのお面とトロルのお面，段ボールの橋と積木で作ったトロルの隠れ家を用意した。橋を置いたところで，子どもたちの世界はがらがらどんの空間になった。
2）子どもたちは各自，好きな役のお面を選び，「あるところに……」のナレーションで劇ごっこが展開された。トロルとやぎのやりとりは1人ひとりの言葉で自由に表現しあった。保育者側としては，子どもの豊かな表現を取り入れながら，本番へ向けての演出，構成を加えなくてはならなかったが，子どもたちに「○○って言ってごらん」「こうやるんだよ」などの指導はほとんどせず，「大きいやぎって，どんな歩き方をするんだろうね」「小さいやぎって，かわいいのかな？」などの言葉かけをしながら，子どものイメージが共通のものになるようにした。
3）遊びの中で十分楽しみながら，年長児の劇遊びを見に行き，お楽しみ会で『3びきのやぎのがらがらどん』の劇をやってみようかと投げかけていった。
4）役決めのときには「ぼくは○○がやりたい」「私は○○‼」と自分のやりたい役，やってみたい役はほとんど決まっていた。クラスの中のバランスとして，人数の配分など，保育者側の希望もあったが，子どものやりたい気持ちをいちばんに優先した。
5）役が決まると自分の役に自信を持ったり，「○○ちゃんといっしょだよね」などお楽しみ会への期待感も高まった。2回のリハーサルでは，緊張しつつも，自分の役を楽しむ姿が見られた。

　本番は観客の数に圧倒されながらも，いい表情で「がらがらどんごっこ」を楽しめた。お楽しみ会を終えてからの子どもたちは，ひとまわり大きく見えた。

4　お楽しみ会を終えて

1）形には表われないが「みんなでがんばった」「クラスの中で自分は○○の役をやれた」など，仲間の中での自分がみえてきているようだった。
2）お楽しみ会をみんなで楽しみがんばった経験が，クラスの力となったことで仲間どうしの関わりも深まった。
3）楽しさを共有したことで，遊びの中のルールや約束も共有していくようになった。
4）子どもたちの姿から，行事そのもので子どもが成長していくのではなく，日々の遊びや活動が，行事という節目を乗り越えたときに，子どもの自信や集団の力になるということを実感できた。行事が子どもへの押しつけになったり，負担になったときには，これらの力は生まれないと思う。
5）お楽しみ会を終えてからも，「がらがらどんごっこ」の遊びは続いている。友だちといっしょに遊び，イメージを共有し合いながら，関わり合いを深め，仲間の中で育っていってほしいと思う。

第5章

意見を言う・仲間と考える

　子どもは園の生活で，自己を主張し，仲間を知り，相互にまねたり，競争したり，対話をするなどして，集団生活を通し，生きる力を学ぶ。

　本章には，生活上の課題を仲間と解決した事例をあげた。日常の保育のいろいろな場面においても，子どもの自主性を重んじ，子どもの興味・関心・疑問などから保育の流れをつくることは大切なことである。

第1節　三輪車を借りたい──Y保育所の園庭における2歳児

　園の中でいっしょに生活する同年の子どもを仲間と意識し，仲間関係が結ばれるまでの道程は，子どもの成長にとって大切であり，集団生活の意義の1つである。

　相手の行動をじっと見つめて，その通りやってみる。自分を主張し，周囲との調和を乱して，けんかをする。自分とは考えが違う，好みが違う人たちがいることを知る。ごく幼いときは，大人（保育者）が仲立ちになるが，成長するにしたがって，しだいに葛藤を乗り越えることを学ぶ。

> **★より年長になると**
>
> 　年長児になると仲間意識が増して，保育者の支えも受けてクラス規模で大きな遊びもする。ともに遊ぶ仲間と，遊びをおもしろくする方向の中で，子どもどうしで対話して合意をつくり出していく。
>
> 　また，仲間と考えを出し合い，生活上の課題解決もできる。大人はその機会を奪ってはならない。

1 テーマが生まれたきっかけ

　2004年10月下旬，保育所に新しい三輪車が4台（赤2台・青2台）届いた。新しい自転車が4台だけだったので，一度に乗れる人数は限られている。先に園庭に出た順に使うので，あとから来た子どもたちはなかなか使えず，三輪車に乗っている子を無理やり引きずり下ろそうとしたり，三輪車が空くと取り合いになって，相手を押したり，たたいたりなどのトラブルが目立った。また，三輪車の色や，特定の友だちから借りたいというこだわりのある子どももいて，その際にも同じようなトラブルが起こった。
　そこで，どのように対応していけば，子どもたちが三輪車の貸し借りを気持ちよくし，遊びに取り組めるかを考えたところから，このテーマが生まれた。

2 問題発生後の保育者の対応と，その後の子どもたちの姿

　安全な場所で乗ってほしいこと，どのくらいの時間乗っているかを保育者が把握して交代しやすくするため，三輪車を使う場所を園庭のトラック内と限り，順番待ちの子どもはトラック側のベンチで待つことなどを伝えた。
　新しい三輪車4台は，すでにほかの子が使っているときに，A子が三輪車に乗って遊びたいと保育者に訴えてきた。

（1）保育者といっしょに交渉してみる

A　子：先生，新しい自転車（に乗りたい）。
保育者：何色の三輪車がいいの？
A　子：赤いの。
保育者：Bちゃんが赤いの持ってるから，「Bちゃん，貸して」って言ってごらん。
A　子：Bちゃん，か～し～てっ！
B：ダメよ！
A　子：先生，だめだって……。
保育者：じゃあ，あと1回まわったら貸してね。
B：ダメよ！
――B，しばらく，三輪車を乗り回している。
保育者：（A子に対して）だめかぁ，あっ，Cちゃんが赤いのに乗っているから，「貸して」って，いっしょに聞いてみようよ。
A　子・保育者：Cちゃん，か～し～てっ。
C：いいよ。
――C，三輪車から下りる。
保育者：Cちゃん，やさしいね。Cちゃんが貸してくれたよ。よかったね。「ありがとう」って言って借りてね。
A　子：ありがとう。

保育者：Cちゃん，貸してくれてありがとう。
C：うん！
——C，次の遊びに移っていく。

　このようなやりとりが続けられ，なかなか貸せなかった子どもたちや，貸してもらいたい子どもたちにも変化が現われてきた。

（2）自分から交渉してみる
D：先生，新しい自転車は？
保育者：トラックのほうで，お友だちが乗って遊んでいるね。
D：Dも新しい自転車に乗りたい。
保育者：じゃあ，「貸して」って，乗っている子に聞いてみる？
D：（トラックに向かい，貸してほしい友だちに）Eちゃん，か～し～てっ！
E：あと1回（まわってから）ね。
D：（保育者に）あと1回だって。
保育者：よかったね。じゃあ，いすのところで待っていようか？
——D，うなずき，ベンチに座って待っている。
E：（1周まわって，ベンチの前で止まり）ハイ。
——D，譲られた三輪車に乗る。
保育者：貸してもらったら，なんて言うんだっけ？
D：ありがとう。
E：いいよ。
——E，ベンチに座り，順番を待つ。

（3）自分たちで貸し借りをする
F：Gちゃん，自転車貸して！　いい？
G：10数えてからね。
F：（その場で立ったまま）うん。1・2・3……，おまけの，おまけの汽車ぽっぽ，ぽ～っと鳴ったら代わりましょ，ぽっぽ～のぽ！　はい，代わって！
G：いいよ。
F：今度，Fが乗って，10数えたら，Gちゃんに代わるからね。数えてね。
G：うん，1・2・3……，おまけの，おまけの……。
F：どうぞ。じゃあ，今度Gちゃんが乗っているとき，10数えたらFに貸してね。
G：うん。
——このやりとりが，2,3回続く。

（4）保育者の対応のポイント

　2歳児のこの頃の状況としては，平行遊びから，友だちという存在に気がつき，気の合う友だちといっしょに遊びはじめた段階で，まだまだ自己中心の世界で遊びを進めていた。自分以外の存在に気づくことにより，自分の世界も広がるが，その存在と気持ちよくつきあっていく術が未熟で，トラブルになってしまう。そこで，保育者が友だちとうまくつきあえるような仲立ちとなり，（1）のように，1周まわったら交代するとか，10数えたら交代するなど，簡単なルールをつくり，貸し借りの方法を具体的に子どもたちに伝えはじめた。それを2歳児なりに理解し，（2）のように，保育者が見守るなかで，友だちに接することでトラブルが回避されていった。

　（3）のように，そのときの気持ちや個々の性格の差はあるものの，保育者が仲立ちにならなくても，自分たちでルールを理解し，問題を解決している姿が見られるようになった。

　この時期には，保育者の配慮によって，他人を意識し，いろいろと葛藤しながらも2歳児なりに友だちとうまくやっていく姿が，おもちゃの貸し借りに限らず，いろいろな場面で見られる。この時期，その時どきによって，1人ひとりの思いを受けとめ，大いに認めていくことによって，子どもは自分の行なっていることに自信をもつようになるので保育者が安全基地となるていねいな対応をしていくことが，最も大切なことだと思われる。

第2節　どうやったらフタが閉まるかな？
──4歳児におけるままごと道具の整理整頓

　園内の生活がすべて順調に流れるように環境を整えることが，子どもの幸せな生活であるとは限らない。この事例は，おもちゃのかたづけがおざなりになっていたのを，保育者が新しいフタ付きの箱を持ち出したことをきっかけに，友だちと考えを出し，話し合い，かたづけのルールを決め，日常生活環境が整った実践である。

　幼い子どもも，これから立ち向かう事柄の意味を理解し，仕事の方法を納得すると，意外なほど力を発揮する。力を発揮しただけ成長する。

1　問題の状況

　［園　児］31名（男子12名・女子19名）
　［保育者］1名
　4月，ままごと道具の整理整頓は，フタのない大きな洗濯カゴに道具を入れていた。進んでかたづけをする子どもと，しない子どもとに分かれてしまった。

2　保育者の意図

　そこで，「協力してかたづけができるように」「おもちゃの種類を分類して整理していく

ことができるように」と考え，黄色と緑の収納ケースを1箱ずつ用意した。

　フタ付きのケースを2つ合わせると，前述の洗濯カゴとほぼ同容量となる。子どもたちが共に考え，試行錯誤し，協力しておもちゃの整理をすることが望ましいと考えた。また，それを子どもたち自身で成し得ると確信していた。

3　保育者からの呼びかけ

　5月初め，保育者が，「新しいおままごと道具入れを買ってきたの。こっちにかたづけない？」と，新しい収納ケースをクラスに持っていくと，子どもたちは，ケースを保育者から奪うように持っていった。

1）子どもたちは，喜んで新しいケースを部屋の真ん中に運び，かたづけを始めた。このとき，ほとんどの子どもが新しいケースに興味を示し，かたづけようとした。A男とB男が中心となりケースを運んでいた。子どもたちの意識がケースに集中していたため，かたづけ方は子どもたちに任せることにした。

　子どもたちは，従来通りにままごと道具をケースに入れていき，緑のケースを先に閉めた。

2）そのため，黄色のケースのフタが閉まらなくなってしまった。何人かがケースの前に立って困っていると，B男が「こうやってするんだよ」とおもちゃをならし，平らにしてみせたが，フタは閉まらなかった。

　そこで，E男が「もう一度，最初からしようよ」と提案し，ほかの子どもたちも納得したため，緑と黄色の両方のケースをひっくり返し，一からやり直した。同じようにおもちゃをケースに入れるだけであったが，偶然にも両方のフタが閉まった。この日のかたづけは，25分くらいの時間がかかった。

　その後，何日かは，おもちゃ道具を上から押してみたり，フタを閉める際に乗ってみたりというようすが見られ，同じくらいの時間がかかった。

3）1週間後も，子どもたちは，いつも通りにかたづけをしていた。緑のケースがいっぱいになったのでフタを閉めて，先に棚へかたづけた。黄色のケースをかたづけていた子どもたちは，「ぐちゃぐちゃはだめだよ」と話し合い，もう一度，おもちゃを出しはじめた。

4）すると，「きれいに入れるんだよ」とG男が，お椀の中に細かい食べ物のおもちゃを入れはじめた。隣にいたC子も「大きいおもちゃは下だよ。緑を空けてみたら」という提案を出し，緑のケースを持ってきて，隙間に細かいおもちゃを入れ，かたづけをしていた。この日は，かたづけに15分ほどの時間がかかった。

　この日から，かたづけのルールができはじめ，何人かの子どもたちの中で，大きいおもちゃの隙間に，細かいおもちゃを入れてかたづけるようすが見られたが，クラス全体の子どもが認識しているわけではないため，すばやくかたづく日もあれば，かたづかな

い日もあった。
5) それから5日後，通常通りにかたづけが始まった。E美が「食べ物がこっち（緑のケースを指さす），お皿とか食器がこっち（黄色のケースを指さす）」と言うと，「違うよ！　こうやってしまうんだよ！」とⅠ子がレンジのおもちゃをひっくり返し，大きいおもちゃとおもちゃの隙間や，お腕などの中に小さいおもちゃをしまってみせた。F男が「こうしたら」とケースに入っているおもちゃを手で平らにならす方法を話したが，「違うよ！　こうするの」と自分の意見を主張してきた。Ⅰ子は，日頃から自分の意見を主張することが多い。この日は，強い口調で話したため，自然にこの方法でのかたづけとなっていった。
6) 黄色のケースのフタが先に閉まったため，F美が棚にしまった。「全部，入れるまでは，黄色もしまっちゃだめだよ！　いっしょにしまうんだよ。それまでは，フタは閉めちゃダメ」と，Ⅰ子が伝えた。

　この日は，2ケースとも隙間を残して全部のおもちゃがかたづいた。子どもたちの間で，「まだまだ，入りそうだね」と喜ぶ姿が見られた。

　この日は，15分でかたづいた。

4　経験から決まった約束

　子どもたちの中で「小さなおもちゃは，大きなおもちゃの中にしまってから箱にしまう」「大きなおもちゃは下にしまう」「両方の箱がかたづくまでは，どちらもフタを閉めない」という，ままごと道具のかたづけの決まりができ上がり，10分ほどでかたづくようになった。

　この経験を通して，子どもたちは話し合い，時にはぶつかりあいながらもルールを見つけ出していった。限られた箱の中に，おもちゃを効率よくしまうためには，あらゆる空間をじょうずに利用しなくてはならない。そのことに気づいた子どもが，大きなおもちゃの空間（おなべの中など）に細かいおもちゃを入れはじめた。当初は，気づいた子どもたちだけが行なっていた。しかし，次第にそのかたづけ方に気づいた子どもが，まわりの子どもたちにもその方法を教えたことで，ほかの子どもたちも気づき，自然にクラス全体のルールとなっていったと考える。

第6章

保育カリキュラムの作成と評価

　ここにF幼稚園が運営されている。
　順調な日々を支える基礎的事項が解説され，積み重ねられる日常が淡々と記されている。この平安の中でクラス担任が，子ども1人ひとりを，またクラス全体を見守り育てている。保育の流れは，教育課程（指導計画，カリキュラム）を通じて，その目標，内容，が全園に共通理解される。非日常の園全体の活動も予想されて楽しい。
　保育の評価は，園内研修を経て行なわれ，評価をどのように行なうか。その事例もあげられている。従来から必要が説かれていたが一般には実施に至っていなかった。教育制度改革で義務化となる今，園運営の一部に組み入れられた事例は，参考になるであろう。

第1節　カリキュラムとは

　教育課程を意味するカリキュラム（curriculum）という言葉は，語源はラテン語でクレーレ（currere）といい，「競馬場のコース」という意味がある。
　その「コース」という意味が，今日の学校教育の中で，学び手が目的に向かって進む教育の「コース」というイメージから，学習の内容や配列という教育計画の用語として使われるようになった。
　わが国の学校でのカリキュラムという言葉は，戦前の1880（明治13）年，尺 振八によって「教育課程」と訳されたのが始まりといわれている。当時，教育課程という言葉は「教科課程」とか「学科課程」という意味で用いられていたが，戦後の1947（昭和22）年には，当時の文部省（現・文部科学省）が学習指導要領を試案として作成した際，それぞれの学校における自主的な教育課程の編成を促し，促進させた経緯がある。
　しかし1958（昭和32）年の学習指導要領の改訂にともない，今まで自主的に行なってきた教育課程の編成は法的拘束力を持つこととなり，自主的な編成活動はその後しだいに減少していった。大綱化にともない教育課程の編成は，文部科学大臣の最高諮問機関である

中央教育審議会が審議答申し，教育課程審議会が審議するなど，現場と乖離するところが多くなり，今日においてもそのことは大きな問題として議論されている。

こうした経緯を経て今日，教育行政用語として「教育課程」という言葉は定着し，各学校や幼稚園で教育課程の編成が義務づけられるようになった。

編成については，小学校以上の学校においては，学習指導要領に基づき作成することとなっている。また学校教育法で学校として位置づけられている幼稚園は，幼児期の発達の特殊性から，学習指導要領という系統的学習法ではなく，幼児の主体的活動を軸とした幼稚園教育要領に基づいて，それぞれの園の特性を生かした編成が義務づけられている。

第2節　時代の変化に対応するカリキュラム

日本の幼児教育は，大きく分けてピアジェ派の生物学的制約力「認知発達論」と教育的社会文化制約力「行動主義的発達論」との二極化の中で行なわれてきた。本来，相乗的相互作用によって，教育効果が最大限に発揮される活動が期待されたが，残念ながらそれぞれの理論の主張は歩み寄るところを見いだせずにいた。

しかし近年「認知発達論」や「教育社会文化論」を関係づける理論として，ヴィゴツキー（Vigotsky, L. S.）の「文化的発達論」が二極をつなぐものとして注目されるようになってきている。

近年こうした二極論が問われるようになった背景には，1980（昭和55）年を境に急速な社会変化が進み，雇用，少子化，核家族化，女性の社会進出など家庭の暮らしが大きく変わり，子どもたちの生活も少なからず影響を受けるようになって，教育に歪みが生まれはじめ，保育のあり方が再考されるようになったことがある。

メディア社会で生きる子どもたちの生活や遊びは，量的には一見豊かに見えるが，質的にはけっして豊かなものとして育っていないといわれる。

たとえば，安定していた雇用が不安定となり，子どもが欲しいと思っていても，経済的負担が大きいなどの理由から子どもを産むことをためらい，少子化が進んでいる実態や，母親の社会進出などによって，社会のニーズが雇用促進に走り，長時間保育を求めるようになってきている実態などがある。その結果，家庭では子どもといっしょに過ごす時間が少なくなったぶん，溺愛や飽食がふえ，大人社会やメディアなどの中に身を置く子どもが増加し，心や頭の中は情報で飽和状態になっているのである。

こうした背景から，新しい教育関係論的発達論を促進するような教育論が世界的に注目されはじめている。そして，わが国においても，二極化をつなぐカリキュラムによる実践の試みが進められている。

このような新しいカリキュラムを導入することに対して，今の子育ての実態を把握し進めていくことが大切である。急速な社会変化によって，私たちの社会で何が起こり，子ど

もたちや子育てをする親たちにどのような影響を及ぼしているのかを知ることが，新しい保育に踏み出す第一歩となるのである。

第3節　保育カリキュラム「教育課程」の作成

　前述した通り，保育カリキュラムとは一般的に教育課程のこととしてとらえられているが，その反面では，教育課程とカリキュラムの概念は一義的なものではないという認識もある。カリキュラムを狭義的な意味でとらえる場合は教育課程だといえるが，広義的に解釈した場合，目標に向けた計画と幼児の実態の評価までを含めたものと考える人もいる。実践では，おもに「教育課程」をいうが，その関連する「長期指導計画」「短期指導計画」および，計画に導かれた幼児の1年間の軌跡をも包括していう場合が多くなった。
　ここでは，教育課程の編成のポイントと指導計画との関係性を，記録と評価をもとにヴィゴツキーの第3の教育論「文化的発達論[1]」を視野に置きながら述べていく。

1　保育の基本となる教育課程の作成

　保育者の多くは，指導計画という言葉を聞くと「指導するための計画書」と直感的に理解できる言葉であるが，教育課程と聞くと，いささかその意味は曖昧である。教育課程という言葉は，学校教育法に位置づけられている学校，すなわち幼稚園も含めた学校で用いられている教育用語である。保育所では，これに相当する言葉は児童福祉法に基づく保育所で用いられている保育計画であるが，法的拘束力は持たない[2]（2006年現在）。幼稚園や保育園で作成されている教育課程や保育計画は，それぞれの園の教育の理念やその園の文化，地域のニーズや子どもの発達などを考慮し作成されているものである。
　教育課程は，それぞれの園の大切な顔であり，保育のデザイン書といわれる基本的計画書である。そして，教育課程は，幼稚園教育要領に基づき幼児教育の基本を踏まえ作成することとなっている。

2　教育課程作成の新しい理解

　教育課程の編成は，それぞれの園の園長が作成することとある。そのため保育現場においては保育者が直接関与することは比較的少ない。しかし，教育課程は，日々の保育にとって，また子どもの育ちにとって，最も影響を及ぼす保育の計画書である。
　そのため，保育者1人ひとりが，それぞれの園の理念と保育する子どもたちの発達を踏まえ，園全体で共通の理解を持つことが大切である。
　前述した社会状況や今日の子どもたちの生活状況等にともなう発達を踏まえ，集団で保育する意味とその集団で育つ1人ひとりの発達を考慮し，作成することが大切である。

（1） 1年間の軌跡からの教育課程

　幼児教育において，保育カリキュラムという言葉は「教育課程」と訳され，理解されているが，カリキュラムの本来の意味は，その子どもが発達を遂げた軌跡（育ちの結果）を記録したものをさす。

　カリキュラムは，子どもが発達していく道筋に沿った教育の進め方を示した予測の計画書である。日々生活する子どもの姿を記録し，その年度が終わるときに，その子どもの姿とクラス全体の姿がみえてくる。この軌跡がカリキュラムであり，教育課程の中に描かれる姿とは必ずしも一致しない。そのズレを検討評価し，次年度の教育課程を編成していくことが，子どもの実態により近づく教育課程といえよう。つまり教育課程は，年度の終わりに完結する，子どもの発達した軌跡である。このため毎年検討評価し改訂していくものである。

（2）「育てる」から「育つ」教育課程へ

　教育課程は，少し前まで「育てるための計画書」であったが，最近は新しい考え方として「子どもが育つ計画書」という子どもの主体性を強く尊重したものとなってきている。教育と聞くと，どうしても，小学校以上における「教える」という感覚が強く，幼稚園教育においても，「育てる」といった能動的なはたらきが強く，長い間「育てる」を主義とし，「育つ」主義との二極化がずっと続いてきた。しかし，今日さまざまな実態を省察することによって，両極の主義に対してそれをつなぐ新しい教育理論が見直されはじめている。

　その一例が，イタリアのミラノに程近いレッジョ・エミリアという町で行なわれている小グループによるプロジェクト教育（ピアジェ・デューイ・ヴィゴツキー理論を包括した）といわれるもので，世界的に注目されている。

（3） 不定型の子どもの営みを定形化する教育課程

　幼児の営みは，1人ひとりの発達する姿や，遊びの広がり，深まりといった中での姿であり，1つひとつの活動を整理し形づくることは，たいへん難しい作業である。

　この幼児の発達特性でもある不定形な営みを，どのように定形化するかが十分に話し合われる必要がある。最近では，こうした話し合いをティームカンファレンスなどといい，実践で得られた1つのケースについて，数名の保育者によってその子どもの発達を読みとる方法である。さまざまな考えを持つ複数の保育者が，1つのケースを多角的に検証し定形化する。このような作業をくり返すことで，幼児の内面の理解や育つ方向性などが評価され，不定形な活動が定形化され教育課程の参考資料として生かされる。幼児教育で最も難しいといわれる幼児理解は，こうした保育者集団によって，より精度の高い理解が示され，1人ひとりに対する指導支援が適切に行なわれるようになってきている。

3　教育課程の充実は子どもや保育者の評価から

　幼児の1年間の成長を遂げた軌跡であるカリキュラムに対して，保育者は，その年に作成された教育課程と照らし合わせ，修正し新たな課題を見いだし，次年度の教育課程の編成に生かしていくことが大切である。

　しかし教育には「指導と記録」「評価と反省」は常に一体なもので，機会を持って学年会や職員会で保育者が記録資料を持ち寄り，教育課程と実践を対比させながら，評価反省し，そして必要があれば，修正しながらより幼児の実態に即した教育課程を編成していくことが求められる。その際，子どもの発達する姿を評価するだけではなく，保育者の支援，指導のあり方についても，率直に話し合い，反省し，評価の対象として取り上げていく姿勢が大切である。

　子どもの発達の停滞や，習慣の定着度などを，とかく家庭の責任として押しつけたり，その子どもの性格や気質を指摘し，自己の保育者としての指導をふり返らない保育者も多い。常に自己反省にたって，自己評価できる保育者として研鑽することが求められる。

（1）ねらいの実現に向けた保育カリキュラムの評価

　教育課程は，幼稚園教育要領のねらいを実現するために，地域の実情を考慮し作成されるものである。

　幼稚園教育要領の各領域に示す3つのねらいの実現に向けて，教育課程が編成され，その資料をもとに各保育者は学年における指導計画を立案する。

　指導計画には，長期指導計画と短期指導計画があり，育ちの見通しによって，月・期・期間などに分けて作成される。立案される指導計画は，前年の子どもの姿から見通されて作成されていくもので，保育そのものを左右するものとなる。ある意味で，指導計画は量的な活動の計画と考えるべきもので，その量的活動を質的活動として実践し，幼児自身の力となって育ちあがる姿を定形化した循環構造が望ましい保育カリキュラムといえよう。

（2）保育カリキュラムの評価観点

　評価は，単に「できた」「できない」といった結果を評価するものではなく，1人ひとりの発達する姿とその取り組みについて評価するものである。

　特に幼児期の教育においては，相対的評価法ではなく，1人ひとりの学びの軌跡を評価とするポートフォリオ評価[★3]が求められている。

　いずれにしろ評価を行なう以上，何について評価を行なうのかは，はっきり示す必要がある。幼児教育における教育評価には，幼稚園教育要領に示すねらいの実現という大きな目標があるわけで，その目標はクラス全体として，あるいは園全体としての評価となるため，個々の子どもの育ちを評価の対象とすることを忘れてはならない。目的によって評価の観点のとらえ方はさまざまであるが，記録から比較的整理しやすく，保育者がとらえやすい評価観点の一例をあげておく。この考えは，記録という視点で保育者が実際の子ども

と接したとき，何について記録すべきかのヒントとなるものである。

　無藤は，ある幼稚園の園内研で実践者に対して記録をする際，システム，スキル，状況性の3つの視点からエスノグラファー[4]し検証していくことが大切であると述べている。この3つの観点を筆者は下記のように考えている。

　①システムから記録評価：システムとは，幼児教育においてはカリキュラムを意味するものである。記録する際，日案や週案に示される目標に対して，子どもたちの遊びや生活の流れがスムーズに展開されているか否かについて検討することができる記録である。

　②スキルの獲得から記録評価：年齢や月齢，あるいは発達に即した個々の遊びや生活で，しなやかに関わる力（心と体の両面）が発達面からみてどの程度の水準域に達しているかについて記録することで，その子どもの発達する姿をとらえることができる。ヴィゴツキーの最近接領域の記録ともいえよう。

　③状況性から記録評価：幼児期にふさわしい環境の構成について検討するための記録である。幼児1人ひとりの活動や生活が，主体的で，かつ充実感のともなう環境で構成されているか否かについて検討するための記録である。

　記録は，何をとらえるための記録かをしっかり目的意識を持って記録する必要がある。時どき保育者の記録や教育実習生の記録を読むと，何を視点に記録しているのかがみえないことがよくある。ただ目の前に広がる漠然とした子どもの営みを記録しても，それは評価につながらないことがよくある。

　記録するということは，1人ひとりの姿をこの3つの視点からとらえ記録評価することで，より具体的でわかりやすく整理することができる。

　その際，保育者自身の関わりも記録することを忘れてはならない。

　本来のカリキュラムの意味は，一般的には図1-6-1に示す構造すべての総体をさすといわれるが，今日の考え方としては，予想上で作成された教育課程によって，経験する子ども自身の1年間の軌跡（潜在的カリキュラム[5]も含む）をいう。作成から実践，そして記録として記述された1年間の子どもの軌跡であるカリキュラムから，新たな教育課程の作成という循環構造がつくられていく。

　その際，保育者の指導とともにつくり出される子どもの活動を軸に，記録評価され，修正されていくことが大切である。

　毎日の保育の中で記録を省察し，評価し，その都度，あるいは適時をとらえ，短期指導計画，中期指導計画，長期指導計画とのズレを見直していくことは，1人の保育者ではとうていでき得ないことである。

　たとえば予想される教育課程を単に量的にとらえたとしたならば，実践は，保育者の営みと子どもの営みによって生成される質的活動である。保育の質は，保育者の資質を支えるものであるとともに，子どもの発達する質でもある。園全体で取り組む姿勢を大切に，日々研鑽努力することが求められている。

では，実際にどのように記録し評価すればよいのか。1つの例として，平成15，16年度の2年間にわたり文部科学省が実施したA幼稚園の学力調査の実施にともなう記録と評価のまとめ方の構成例をあげておく（表1-6-1）。

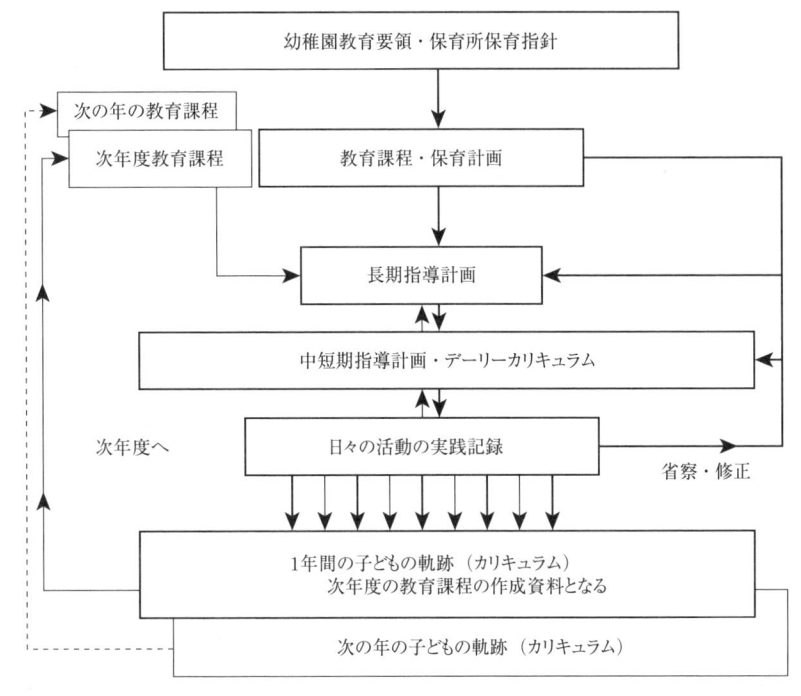

■図1-6-1　保育カリキュラムと記録評価の循環図

■表1-6-1　記録と評価のまとめ方の構成例

① 特定児の日々の記録表
② クラス全体の姿をとらえた記録表
③ 特定児の1週間の記録をまとめた記録表
④ クラス全体の1週間の姿をまとめた記録表
⑤ 特定児の日々の生活と遊びに分類する表
⑥ クラス全体での生活と遊びに分類する表
⑦ 特定児集団の教育要領のねらいに分類する表
⑧ クラス全体の教育要領のねらいに分類する表
⑨ ⑦の外部評価表
⑩ ⑧の外部評価表

表1-6-1に示した通り，それぞれの表に従い日々の子どもの様子を記録していくことで，活動が幼稚園教育要領のねらいに対して，質的に実現できているのかを読みとることができるように構成されている。

したがって，この資料をもとに保育者は，自分のクラスの指導のあり方を省察し，また全職員によって，園の教育課程（カリキュラム）の実現および，カリキュラムと幼稚園教育要領の実現状況を把握しやすくなるのである。

実施については，まず保育者が週日案に基づく活動の展開の中で，特定児について必要な期間記録を行なう。その記録表は，特に書き方を制限するものではなく，1日のうち，個人の場合は，その子の遊びや生活面で気づいたことを記録する。その際，集団での関わりにも視点を置き記入する。以下，記入例を掲載する（表1-6-2～1-6-5参照）。

これらの記録からの評価は，基本的に教育要領に示す「ねらいの実現」に向けた状況を把握するためのものである。自園の保育が正しく教育要領に従った保育を実現しているのか否かを判断する1つのあり方かと思われる。実際には各クラスから10月生まれの男女数名を選び，1週間の期間での記録を基に整理していくものである。この方法は全国調査のため，行事や四季などのファクターは一切関与せずに行われたため，結果の偏りがあるのではと考えられるが，自園で取り組むのであれば毎月の1週間か，各月の1週間を記録として整理してみるとよい。そうすれば個々の子どもの姿の成長過程も，整理する中で読みとることができる。

この評価の優れている点は，園の保育者だけで評価するのではなく，子どもが望ましい発達を遂げているかを外部の専門的知識者の意見を取り混ぜて総合的に判断する点にある。

このように保育者の日々の記録から，教育要領のねらいの実現状況を捉える試みは，様々な問題はあるものの，何もせずして，手をこまねいているより，ともかく職員全員で試みてほしい。

ただ，教育における評価は，幼児教育の基礎基本を十分に理解し，その上に立っての評価がなされるべきであり，単に園の評判や外観的な評価によって，園の善し悪しが左右されてしまうような評価では困るのである。

（3）教育課程充実のための評価

幼稚園での教育課程の評価は，今日たいへん重要な課題の1つといわれている。

教育課程を充実発展させていくためには，子どもが学び得た記録（カリキュラム）を生かす評価が求められている。公立幼稚園は，各幼稚園で園長が創意工夫したカリキュラムを毎年教育委員会に提出する。私立幼稚園の多くは「第三者評価」が強く影響する。なぜなら私立は，常に競争原理の中で「選ばれる園」としての評価を受けているからである。

今まで保育内容が一般の人にはわかりにくく，誤解を生じさせている一面があり，これに対して，保育をどう評価してもらうかは大きな問題である。

■表1-6-2　個と集の日々の期間記録

[調査票A]

日々の記録

青組　3年保育　5歳児（6歳2ヶ月）　　対象児　　S男　　　　　A幼稚園
観察年月日　平成〇年7月7日（月）　　　　　　　　　　観察者　〇〇〇〇

エピソード
【カブトムシ】 ・遅めに登園し、成虫になったカブトムシに興奮状態の保育室に入っていくS男。みんなのようすに気付き、飼育ケースのところへ直行し、友達を掻き分けて覗き込む。朝の身支度も手につかないようすで、一つ終えるとカブトムシを覗きに行く。Ⓣの側へ駆け寄り「俺んちのカブトムシ、この間持ってきたやつは死んだ。でも、まだ2匹生きてるよ。」と言い放ち、ケースの周りにいる友達にも「家の2匹のカブトムシは、もう少し小さいよ。でも、これから大きくなるんだ！」と自慢げに話す。 ・緑組のR男・N男にカブトムシの登場を知らせる際にも先頭に立ち、Ⓣにも、大きな声で早口に、「2匹だよ！オスだよ！」とケースの中を覗かせる。緑組に1匹あげようという話になった時も、緑組の状況も考えずに部屋を飛び出したほど興奮したようすであった。 ・餌のやり方や図鑑にも興味を示し、ひっくり返ると恐る恐るではあるが戻す積極的な姿も見られた。 【七夕集会にて】 ・体操座りがふらふらとし、前や横の友達にあたったり、ちょっかいをだしたりしている。前に座っていたA男が「S男が後ろから押してくる」とⓉに訴えてきたので、ⓉがS男と話をするが、下や横を見て、膝を両手で抱え揺れながら聞いていて、きちんとした態度で話を聞こうとしない。強く名前を呼ばれると、自分がしたことをわかっているようなバツの悪い表情して顔を上げる。 ・室内の照明が消え、壁や天井に星が映しだされると「おー!!!」と声をあげ、顔をにんまりとさせる。幼稚園にお星様が隠れてるよという話を聞くと「うそだぁ。いないよ。」と強がってみるが、「あそこに！」と言われると、「えっ!!」と身を乗り出す。 【U男に対して】 ・外に夏野菜の収穫に出た際に、S男の傘に3人が入っていたので、Ⓣが「U男の傘に入れてもらえば？」と声をかけると、U男は快く「入っていいよ」と3人に応える。M男が移ると言うが、S男は「いいよ、いいよ、Mちゃんは俺の傘！」と自分の方に引っ張る。Mといっしょに入りたいというより、U男には渡したくないという印象を受ける。 ・U男が他児とトラブルになったり、約束と違うことをしていると、目ざとく見つけ、「Ⓣに言おう！」と言ってみたり、Ⓣの所に駆けより「俺は〜したけど…（ちゃんとやったよというアピールを込めて）U男が〜している」と、いかにも"自分は正しいよ"というように報告しに来る。 　以前までは、2人で仲良く遊んだり、ふざけ合いながらもお互いに良い存在に感じているという印象を受けていた。しかし、最近はU男のあら探しをして、U男を怒らせてしまったり、友達を巻き込んででもU男一人を寂しい方向に追いやろうとする姿が見られるようになって来た。言葉や行動は乱暴なS男であるが、外れている子を気にかけたり、受け入れたり、トラブルになって自分ばかり責められても自分を抑えることも多い。しかし、U男に対してだけは全く逆の行動をすることがめだっている。気になる存在であるからこそのトラブルであると感じている。

■表1-6-3 個と集の一週間をまとめた記録

[調査票B]

1週間のまとめ

（学級全体・⦿観察対象幼児）
学級名　　青組　　　　　　　　　　　　　　　幼稚園名　　A幼稚園
3年保育　5歳児　　幼児名　S男（6歳9ヶ月）
観察年月日　平成○年2月12日（木）～2月18日（水）　　観察担当者　　○○○○

生活場面		幼児の発達の状況
遊びに取り組む中で	A. 幼児が1人で行動する場面で	・自分で遊びのイメージを膨らませ、豊かなアイデアでより面白いものにしようと工夫したり、考えたりすることを楽しむ。 ・好奇心が旺盛で、やってみたい事を自分で行動に移す積極性を持つ。 ・自分が興味を持ったこと、実現したい事などを直感でイメージする。その状況、環境の変化を見て、何をすれば、どんなものを使えば、よりその場、そのことが面白いものになるのかを感じ取り、自分が納得するまで取り組む。 ・自分が見つけたこと、やることを認めてもらいたい、見てもらいたいという思いが何をするにもある。 ・活発的な遊びにおいて、瞬発力を生かしたり、どのようにしたらより勝てるかなどを考えて取り組む。 ・ユーモアのある発想でおどけてみたり、言葉にしてみたりすることを楽しむ。
	B. 友だちと行動する場面で	・遊び、やりたいことの中に友だち、⒯などの存在が不可欠であり、意識している（誰かがいてこその行動）。 ・ちょっかいを出したり、からかったりすることで、友達の気を引きたい、注目をされたいという思いがある。 ・自分の思いを直接ではなく、行動や言葉で遠まわしに伝えようとする。 ・年下の子に対して、優しさの隠れたユーモアで接していく。 ・仲良しの友だちが傍にいない寂しさ、不安を感じ、その気持ちをどう表したらいいのかわからず、戸惑っている。 ・相手にも、周りにもその気持ちや状況を知られまい（自分の弱さは見せまい）と、他の子の傍に居場所を見つけたり、感じていることとは関係のないことを発言することで気持ちを落ち着かせ、自分で切り抜けようとしている。 ・仲良しの友だちが、どのような行動、発言をするのかを気にかけ意識する。一方で、自分がやりたいことを実現したいという思いも強く持っている。 ・女の子が相手になると、いつも以上に、自分の感じていること、やりたいことを素直に表現せず、乱暴な振る舞いや裏腹な言葉を投げかけてしまう。 ・自分が友だちを傷付けたり、泣かせてしまった時、どうしたらいいのかわからず何も働きかけずにいることは多い。その事実は、真摯に受け止め、反省の念は持っている。 ・失敗することに嫌悪感を持ち、友だちの前では強い自分、できる自分、認められる自分でありたいという思いがある。
	C. ⒯と関わる場面で	・（受け入れてもらえるという安心感から）自分の実現したいことが伝わりやすい、共感してくれる（＝理解者）ということをどこかで感じている。 ・⒯が相手だと、自分が直感で面白いと感じたことを気後れすることなく行動して楽しむ。 ・頼られることを嬉しく感じ、期待に応えようとする。 ・⒯の存在を保育者としてではなく、自分と一緒に楽しんでくれる同士、友だち仲間のように対等に感じている。 ・⒯の助言や援助を素直に受け止め、自分の中で気持ちを整理しながら納得していく。 ・甘えたい気持ちは強いが素直に表現していくことに照れを感じている。
D. 学級全体で行動する場面で		・自分に注目が集まらないことがわかっていると、自分を見てもらおうと前面に自分の存在を出しアピールする。 ・一方で、自分に注目が集まると感じてしまうと、自意識過剰なほど意識してしまい、ふざけたり、粗雑に振舞うことでその恥ずかしさを紛らわしている。 ・やらなければならないところとまだ気を抜いても大丈夫な場であるところを感じている。 ・読み聞かせや物語の世界に興味を持ち、集中して取り組む。 ・さまざまなことへの関心が強く、関心のあることには集中して取り組んだり、楽しむ。
E. 生活行動をする場面で		・片付け、身支度、整理整頓などはやらなければならないことであると感じてきちんと行なっていくが、面倒と感じていたり、やりたいことがあると雑になってしまう面もある。 ・やらなければではなく、頼られたり、自分からの行動の時は積極的に行なっていく。 ・言われるままではなく、どのように動けば効率的か考えて行動する。

■表1-6-4　個と集をねらいと発達で分類化

心身の健康に関する領域「健康」　S男

	明るく伸び伸びと行動し充実感を味わう。	自分の体を十分に動かし、進んで行動しようとする。	健康・安全な生活に必要な習慣や態度を身に付ける。
遊びに取り組む中で	・自分ののびのびと行動ができるようになっている。 ・自分の弱さを見せまいと、居場所を変えたりしながら、自分の気持ちを安定させるようになった。 ・他集団にも積極的に入れるようになった。 ・教師の注意に耳を傾けて素直に対応できるようになった。 ・目立つ行動をとっていたが、自分が取り組む遊びには、いつも充実感を感じるようになってきている。 ・経験した興味の強い活動は、最後までやり遂げる気持ちが育ってきている。	・園生活でのびのびと過ごし、体を動かすことが大好きで、全身を使った遊びを積極的に取り入れられるようになった。 ・集中力をもって自分が納得するまで、あきらめず取り組もうとする。 ・活発な遊びが多く、直感的で自分の意思を伝えることより、行動が先に動き最後までやり遂げようとする。	・決まりや約束は、比較的忠実に守ろうとする。
クラス全体で行動する場面で	・みんなの前では、おどけたり、照れたりしていたが、やらなくてはならない時とまだ気を抜いても大丈夫な時を感じ取るようになってきている。	・比較的誰に対しても、特に年下の子に対して、優しさを含んだユーモアで接していこうとする。	
生活行動をする場面で			・自分がどのように動けば効率的かを考えて行動する。
調査指導員から			

■表1-6-5　個と集を遊びと生活で分類化

[調査票C]

総　括　票

(学級全体・(観察対象幼児))　　　都道府県名　東京都
3年保育　5歳児学級　　　　　　幼稚園名　A幼稚園
学級名　青組　幼児名　S男
観察期間　平成○年7月4日～7月11日　　調査担当　○○○○　　調査指導員　○○○○

幼児の発達の生活の場面・側面		a.心の動き	b.体の動き	c.周囲の事物への働きかけ方
遊びに取り組む中で	A. 幼児が1人で行動する場面で	・イメージを豊かに膨らまし，実現させるための直感的な思考と工夫をすることができる。 ・カブトムシに愛情を持ち好奇心を持って積極的に関わる姿が見られる。 ・園生活をのびのびと過ごす。 ・遊びや状況をさらに面白くするにはどうすればいいか考え，イメージを持つ。	・製作や遊びにおいて，ダイナミックなイメージを持って展開していく。 ・遊ぶための環境を工夫し整えることができる。 ・園生活をのびのびと過ごし，自分の感じていることを体全体で表現する。	・独自の世界観，イメージを持って製作や遊びを行なっていく，創造力，集中力がある。 ・カブトムシといっしょに過ごせる遊びを自ら始めたり，図鑑を見たり，過ごしやすい環境を工夫し，興味本位ではなく，好奇心旺盛に向き合う。 ・遊ぶための環境を整えることができる。
	B. 友だちと行動する場面で	・強気な面がある一方で，他児への気遣いをする優しい面もある。 ・友だちに興味関心を持ち，相手の反応を見ている。 ・トラブルの際に，自分に非があることも感じている。 ・Y男に対するライバル心がある。 ・自分のイメージや思いを強く持ち押していくとともに，認められたり興味を持ってもらうことを嬉しく感じる。	・行動が大きく，少々乱暴であったり強気な面がある。 ・友だちへの関心が強く，自分なりの思いで言葉より先に行動に出る時があり，トラブルになったり誤解を受けやすい。 ・友だちのやっていることからイメージを膨らませ，工夫や新しいアイデアを取り入れて遊ぶ。	
	C. 先生と関わる場面で	・自分の製作，気持ちを⊤に伝え，いっしょに楽しみたいと思っている。 ・⊤の助言を素直に聞き入れ，試してみる。 ・自分に注目してもらいたいという思いが強い。目立つ行動をとって⊤の反応を楽しむ気持ちがある。 ・トラブルでは真剣に向き合おうとする。また，ばつの悪さを感じている姿が表情，態度からうかがえる。		
D. クラス全体で行動する場面で		・自信，興味があることには積極的に自分の思いを押して実行しようとする。 ・豊かなイメージを持っているが，皆の前では照れておどけてしまう。 ・話を理解し，行動することができるが，話を聞く態度が怠慢になりがちである。	・豊かなイメージを持っているが，皆の前では照れておどけてしまう。	
E. 生活行動をする場面で		・興味があることに気をとられ，身支度などが疎かになりがちである。	・状況を見て判断し，自分で考えて行動することができる。	

d.周囲の人々との関わり方	e.考えたこと，感じたことの表現の仕方	f.生活に必要な行動	g.その他
	・自分のイメージを実現させるため，直感的に考え，工夫する。製作では丁寧さに欠けるが，独自の世界観，イメージを発揮できる想像力，集中力がある。 ・好奇心旺盛で，素直に感情を表に出す。 ・遊びや状況をさらに面白くするにはどうすればいいか考え，イメージを持って遊ぶ。		・製作や遊びにおいて，イメージを豊かに膨らまし，実現させるための直感的な思考と工夫をすることができる。 ・園生活をのびのびと過ごし，自分の感じたことを表現するため，周りへの影響も大きい。
・他児に対し，強気な面がある一方で，年少児や一人で遊んでいる子を気遣うなど優しい面もある。 ・友だちへの関心が強く，自分なりの思いで言葉より先に行動に出る時があり，トラブルになったり誤解を受けやすい。 ・トラブルで友だちに訴えられることが多くある。 ・友だちのやっていることからイメージを膨らませ，工夫や新しいアイデアを取り入れて遊ぶ。 ・自分のことを認められたり興味を持ってもらうことを嬉しく思う。 ・自分が好きな友達に，尊敬に近い態度で関わる。	・自分の思いで言葉より先に行動が出るため，トラブルになったり誤解を受けやすい。 ・Y男とのトラブルでは，ライバル心を剥き出しにしⓉに訴える。 ・自分のアイデアだけでなく，友だちのやっていることから，瞬時にイメージを膨らませ，工夫や新しいアイデアを取り入れて遊ぶ。 ・自分のイメージや思いを強く持って押していく。他者から認められることを嬉しく思う。		
・自分の製作，気持ちをⓉに伝え，一緒に楽しみたいと思っている。 ・Ⓣの助言を素直に聞き入れ，試してみる。 ・自分に注目してもらいたいという思いが強い。目立つ行動をとってⓉの反応を楽しむ気持ちがある。 ・トラブルでは真剣に向き合おうとする。また，ばつの悪さを感じている姿が表情，態度からうかがえる。	・自分の製作，気持ちをⓉに伝え，いっしょに楽しみたいと思っている。 ・Ⓣの助言を素直に聞き入れ，試してみる。 ・自分に注目してもらいたいという思いが強い。目立つ行動をとってⓉの反応を楽しむ気持ちがある。 ・トラブルでは真剣に向き合おうとする。また，ばつの悪さを感じている姿が表情，態度からうかがえる。		
・状況にふさわしくない行動について理解しているが，皆の注目を集めたいという思いからふざけたり大きな声で主張する。 ・自分の持つイメージや発想を皆の前で発表したり口にしたりすることが少ない。皆の前では照れておどけてしまう。 ・話を理解し，行動することができるが，話を聞く態度が怠慢になりがちである。	・状況にふさわしくない行動について理解しているが，皆の注目を集めたいという思いからふざけたり大きな声で主張する。 ・自信，興味があることには積極的に自分の思いを押して実行しようとする。 ・自分の持つイメージや発想を皆の前で発表したり口にしたりすることが少ない。皆の前では照れておどけてしまう。		
・状況を見て判断し，自分で考えて行動することができる。	・状況を見て判断し，自分で考えて行動することができる。	・興味があることに気をとられ，身支度などが疎かになりがちである。 ・片付けや整理整頓などは雑な点が多く見られる。	

1人ひとりの子どもの発達を受けとめ，発達に応じた環境とその子どもが実現しやすい方向を支え指導していく営みを丁寧に記録していくことが求められている。
　そして，その一連の活動を記録し，保護者に公表したり説明したりする責任が求められているのである。そのためにわかりやすい評価項目を作成し，その実現状況を的確に伝えていくことが求められる。

4　プロジェクト型カリキュラムの作成とその評価

　新しい保育を展望したとき，保育はどのような理念で，1人ひとりの子どもの可能性を学びとして引き出せるのか。そのための保育者の関わりや保育のとらえ方，環境の構成などをカリキュラムにどのように盛り込むことが大切かなどについて考える必要がある。
　今までの保育では，確かに1人ひとりの主体的活動を保障し，発達にふさわしい環境を与え活動をとらえてきた。しかし保育者が計画するカリキュラムに沿って行なわれる保育である以上，1人ひとりの子どもの内面に質的な育ち（知的発達）が期待できるより高次な関わりを求めることは，誰もが思う大切な課題である。
　プロジェクト保育とは，イタリアのレッジョ・エミリア地方で取り入れられている協同的保育で，子どもどうしの相互の関係性を第1に考え，今日の模索する教育のモデル的存在でもある。今新たなる保育の試みがなされているプロジェクト保育の実践を以下に紹介しておく。

（1）プロジェクト保育のカリキュラムの作成

　プロジェクト保育を試みるにあたり，カリキュラムを作成する際，1つ目に重視することは，小グループにおける子どもどうしの相互作用の発展的活動を視野に置くことである。
　そして，2つ目がそれを支えていく保育者の共同的関わり（親・子ども・地域など）である。この共同的関わりを質的に維持し，役割を果たしていくためには，多様な専門的知識を共同的営みを通して身につけ，相棒としての存在でいることが求められる。
　3つ目は，子どもたちに活動を広げ，仲間との共有観がつくられる時間を十分に与えることである。その与えている時間の中で，共同者がさまざまなドキュメンテーション[*6]を提案し，創造しやすい話し合いの場を設けたりしながら進めていく。
　つまり，カリキュラムといわれる計画書のようなものはなく，子どもたちの小集団的活動に，保育者が共同協力者として加わり，その時点から保育者は大まかな目標を定め，展開する方向を推理し，そのためのヒントとなるさまざまなドキュメンテーションを行なっていく。つまり，指導計画は，子どもの描く活動と保育者の描く活動の連続性の中で生まれ，企画遂行され構築されていくエマージェントカリキュラム[*7]である。この活動を支えていく最も大切な活動の1つにドキュメンテーションがある。直訳すると文書記録を意味する。

（2）プロジェクト保育におけるドキュメンテーションの評価

　一言に文書記録といっても，私たちが今までしてきた記録とは異なり，1人ひとりの活動や全体の流れなどを克明に写真や図版などを駆使して記録し，活動の場に掲示したり，保護者に活動の経緯を伝えたりして，参加し支えてもらうための提案などをすべて，子どもたちといっしょに話し合いながら進めていく。保護者に対しても，1人ひとりの活動の記録やプロジェクトとして展開している経緯などを，ポートフォリオ形式で理解をうながしている。こうした記録の読み取りや，展開の方向性を決定していくためには，保育者だけではなく，その活動の専門性を深めた教師（芸術家）や教育専門家がカンファレンスに加わり，子どもの活動や保育者の活動へのヒントや知識を与えていく。こうして，プロジェクト活動から実現されてくるものを子どもとともに保育者の学びとして循環していくのである。

　日本の教育現場で実現化していくには，まだまだなじめない多くの課題を残すプロジェクト保育であるが，新しい時代を拓く，新しい保育の試みとして，実践化してほしいと思う。

■注

★1　ヴィゴツキーの文化的発達論（1930-1935）：認知は社会的現象とみる。自己の社会的経験が，考え方や理解を規定するという理論である。特に言語は，社会文化的世界と個人の精神的世界をつなぐ主要なコミュニケーション活動であることをいう。

★2　2008年3月に告示され，2009年4月1日から適用される新保育所保育指針においては，保育の計画（保育課程・指導計画）作成は法的拘束力を持つようになった。

★3　ポートフォリオ：評価方法の1つで，日本ではあまりなじみのない言葉であるが，最近注目されている評価方法である。もともと金融用語で，大事なものを袋の中にしまうという意味がある。つまり子どもが創り出した作品や，保育者が記録した写真やビデオなどを1人ひとりの評価資料として保管することで，子どもの学びの視覚化ができ，達成度が客観化できるとされている評価方法である。

★4　エスノグラファー：子どもの理解のための観察記録のことをいう。

★5　潜在的カリキュラム：教育課程によって，意図的・計画的に保育という営みが行なわれていく中で，教育課程によって期待される結果以外に環境から学び得ているものが存在する。このことを教育課程を顕在的カリキュラムに対して，潜在的カリキュラムという。

★6　ドキュメンテーション：記録文書と訳され，プロジェクト活動の経緯や子どもの活動記録を，写真，録音，図版，文字などを使って，随時掲示したり，お便りにしたりし，プロジェクトに参加している人達のほか，地域の人などにも，取り組みがわかるよう情報化する手段をいう。

★7　エマージェントカリキュラム：発展的かつ柔軟的に変容・創造するカリキュラムをさし，子ども主導の活動，発達に応じた実践内容，あるいは，発達をより高次に方向づけるための技術や教材の選択や準備をいう。

■ 資料提供
学校法人安見学園　板橋富士見幼稚園教職員会

■ 引用文献
文部科学省　2005　「平成16年度全国的かつ総合的な学力調査」資料

■ 参考文献
秋田喜代美　2000　知を育てる保育　ひかりのくに
秋田喜代美　2005　全国国公立幼稚園長会（編）　幼稚園じほう「教育課程に生かす評価」2005.1
天野正輝（編）　2005　教育課程　明治図書
磯部裕子　2003　教育課程の理論　萌文書林
ヴィゴツキー，L．S．／土井捷三・神谷栄司（訳）　2003　発達の最近接領域の理論—教授・学習過程における子どもの発達—　三学出版
小川博久・森上史朗・小田　豊・神長美津子（編著）　1999　新幼稚園教育要領解説　ぎょうせい
小田　豊　1999　幼稚園教育の基本　小学館
小田　豊（編著）　2001　新しい教育課程と保育の展開　東洋館出版社
小田　豊・榎沢良彦（編）　2002　新しい時代の幼児教育　有斐閣アルマ
小田　豊・神長美津子（編著）　2003　教育課程総論　北大路書房
甲斐規雄・朝倉征夫　2002　人間教育の探求　酒井書店・育英堂
カミイ，C．・デブリーズ，R．／稲垣佳世子（訳）　1994　ピアジェ理論と幼児教育　チャイルド本社
柴崎正行　2004　幼稚園わかりやすい指導計画のすべて　フレーベル館
柴田義末　2002　教育課程　有斐閣コンパクト
新・保育士養成講座編集委員会（編）　2002　教育原理第9巻　全社協
バーク，L．E．・ウインスラー，A．／田島信元・田島啓子・玉置哲淳（編訳）　2001　ヴィゴツキーの新・幼児教育法　北大路書房
ヘンドリック，J．／石垣恵美子・玉置哲淳（監訳）　2000　レッジョ・エミリア保育実践入門　北大路書房
森上史朗・阿部明子（編）　1999　幼児教育課程・保育計画総論　建帛社
森上史朗・高杉自子・野村睦子・柴崎正行　2005　幼稚園教育と評価　ひかりのくに

第2部

世界の幼児教育は今！

第1章

レッジョ・エミリアの保育：探究・表現・対話
──プロジェクト活動に焦点化して

　本章の目的は，レッジョ・エミリア市の公立幼児学校におけるプロジェクト活動とその指導の特徴を明らかにすることである。

　20世紀初頭にデューイ（Dewey, J.）など進歩主義教育学（プログレッシヴィズム）の人々が唱導したプロジェクト・メソッドは，目標・達成・結果の評価という従来の教育過程に代わって，身近な生活の中から主題を選び，それをめぐってさまざまな経験をし，その経験を交流し表現しあいながら学んでいく活動を目指した。レッジョ・エミリアのプロジェクトも，こうした伝統的な構成要素──主題の探究，交流，表現──を引き継ぐ点では，進歩主義教育の系譜のうちに位置づくものといえよう。しかし，レッジョ実践は，いまやむしろ，プロジェクト生誕の地アメリカに逆輸入されて，失われかけていたその伝統の再生への動きを促進している。その理由は，レッジョ型アプローチが従来のプロジェクトにはない，いくつもの新しい魅力を備え，それらが人々をプロジェクトの教育的価値の再発見に誘っているためである。

　これまでのプロジェクト的実践には，生産的，科学的，文化創造的のいずれかの名称を冠することのできそうなものが多い。これらとの対比で，レッジョのプロジェクトにあえてラベルを貼るとすれば，それは「探求的・美的表現プロジェクト」ということになろう。そして，その全体像を定義風に述べるとすれば，それは「小グループの子どもが，教師とアトリエリスタ（芸術専門家）の援助の下で，自分たちで選んだ主題について，アートによる表現と対話と相互評価とを通して行なう共同的探究」と言い表わせるだろう。以下では，冒頭の課題を果たすために，この定義に沿って，①主題選定への教師の関与，②子ども自身の仮説・解釈からの出発，③アートによる表現の果たす役割，④対話に何を求めるか，⑤相互評価とドキュメンテーションの意義，の順に考察を進める。これによって，レッジョ実践の特色とその基底をなす考え方を明らかにできればと思う。

第1節　主題選びと保育者の関与

1　選択は子ども主導で

　プロジェクトの主題は，あらかじめ定められた計画に従って教師の側から提案されるのではなく，子どもたちが興味関心に従って自ら選択する。その決め方に決まった手順はない。本当に追究したい主題を探して何日間も子どもたちの議論が続くこともあれば，ある話題への子どもたちの興味が一気に高まり，急遽その話題に関するプロジェクトが着手されることもある。いずれにせよ子どもの興味関心が主題選びの核心となることだけは確かである。しかし，主題の選定がすべて子ども任せにされるわけではない。では，教師はプロジェクトの始動にどう関与するのか。ヴェア・ヴェッキ（Vecchi, 2001）が指導した「バラのまわりで」プロジェクトを例にそのようすをみよう。

2　予備調査からの出発

　レッジョの保育者のプロジェクトへの関与は，実は，子どもたちの自由な場面での自発的活動のていねいな「予備調査」から始まる。その目的は，子どもたちのその時点での興味関心を探り出すことだけでなく，子どもの個別具体的な関心や課題に潜む一般性のある学習課題を明確化することにあるといってよい。「バラのまわりで」プロジェクトの場合，教師たちは，テーマの選定のかなり以前から，子どもたちが人の乗った馬や自転車を描くのに，同じ画用紙を裏返して窓ガラスに当て反対側の脚やあぶみやペダルを描き込むことに注目していた。彼らは，そこに「三次元の事物を二次元の媒体でいかに描くか」という新しい学習課題に子どもたちが直面していることの表われをみてとる。そして，この課題を子どもたちによりいっそう明確な形で提起してくれそうな主題としてどんなものが考えられるかを検討する。このときは「サッカーの試合を描く」「旗取りゲームを描く」などがあがった。しかし，彼らは，そのどれかをそのまま子どもたちに提案するようなことはしない。

3　文脈の提起と主題の選定

　教師たちが次にしたことは，文脈（コンテキスト）の構成，すなわち，そうした主題を子どもたち自身が必要感をもって探し始めるような状況をつくることであった。教師は子どもたちに，楽しいゲームとそのルールの図解入りマニュアルをつくって，「みんなの卒業した後に入学してくる3歳児に記念品として残してほしいな」と提案する。子どもたちは，小さな子に遊びを伝えるにはどうしたらいいかを熱心に話し合ったうえで，3歳児にもできるやさしい遊びを選び出した。その1つが「バラのまわりで」である。この遊びは，数名の子どもが輪になって，わらべ歌（ナースリー・ライム）を歌いながら旋回し，特定の歌詞のところまでくるといっせいにしゃがみ込むという欧米ではよく知られた歌遊びで

ある。子どもたちは，この「バラのまわりで」を絵に描く——つまり輪になって回る子どもたちの姿を描く——という困難な主題に挑み，さまざまな方向からの表現を試行錯誤的に重ねたうえで，最後に，対象の透視図法（遠近法）による描画にまで到達するのである。

以上のように，レッジョの教師たちは，子どもが自発的活動の中でいま追究しはじめている課題と，さらには，その背後に潜む一般的な学習課題を見きわめ，その課題を体現した主題の見当をつけ，そのような主題に必要感を持って挑戦したくなるような文脈の設定に務め，子どもたちによる主題の選択を促すのである。

レッジョの代表的な実践の1つである「群衆」プロジェクト（木下，2001）では，夏休み明けにある子どもが語った避暑地での群集体験が子どもたちの興味を強く触発し，それをみた保育者が，夏休み前からの予定を棚上げして急遽「群衆」を主題とするプロジェクト活動に踏み切っている。これは一見，子どもの興味に引きずられた選択のようにみえるが，実はそうではない。テーマとしての「群衆」には，いま子どもが取り組むにふさわしいいくつもの学習課題が潜在しており，大きな発展の可能性を持つものであることを，彼女は瞬時に読みとったのである。そして，そこには常日頃からの「予備調査」が生きていたとみてよい。

第2節　子どもの探求と思考——仮説，解釈，理論の重視

1　自前の思考の重視

レッジョ・エミリア市のペダゴジスタ（教育専門家）で幼児教育部長も勤めたカルリナ・リナルディ（Rinaldi, C.）は，幼児の発する質問に大人はどう答えるべきかについてこう語っている。

> 「子どもが『なぜお月さまはあるの』と尋ねたら，科学的な答えで応じてはなりません。子どもに『あなたはどう思う？』と問い返してください。『あなたにはあなたの心があり，あなた自身の解釈があるはずだし，私にはあなたの考えが大切なの』とあなたが言っているのが子どもにはわかるはずです。そしたら，あなたと子どもは，驚きや好奇心やつらさなどあらゆることを共有しながら，いっしょにさまざまな答えを探すことができるようになります。大切なのは答えではなく過程——あなたと子どもがいっしょに探索するその過程なのです。」（Cadwell, 1997, p.63）

リナルディの言葉の後半を多少敷衍するとしたら，それはこうであろう。すなわち，子どもが疑問をいだくだけでなく，その疑問への自前の仮説や解釈を構成できれば，大人を相手に意見を交わしながら探求に臨むことのできる共同研究者になれるはずだと。しかも，これは子どもにとってさほど困難な課題なのではない。なぜならば，リナルディによれば，

子どもは本来ひとりの例外もなく，自分のまわりの世界や人生について絶えず自問自答し続けている存在であり，それによって自己の内実を形づくっているからである。もちろん，従来の学校や大人はこの事実に関心を払わず放置してきたし，メディアはむやみに参照点を多様化することで子どもの密かな作業を困難にしてきた。しかし，実は，この子どもたちの自問自答をどう援助できるかが，レッジョ・エミリアの教育の中心課題なのだとリナルディ（Rinaldi, 2006）はいうのである。そして，プロジェクトは，そのような援助の最も重要な場の1つにほかならない。

2 プロジェクトにおける仮説，解釈，理論

プロジェクトの主題が決まると，たいていの場合，子どもたちは，いきなり観察や実験に入るのではなく，その主題をめぐって1人ひとりの考え——仮説や解釈——をまずは口頭で伝え合うことをすすめられる。さらに，その話し言葉で表現された仮説や解釈は，線画や粘土などの図像的言語で再表現されて，より明確な「理論」となる。さらに，探究や制作の進行途上でも，レッジョの教師は必要とみれば，子ども1人ひとりに対して，「あなたの意見を聞かせて（in your opinion）」と問いかける。子どものほうも当然「僕の考えでは（in my view）」と応じることになる（Forman & Gandini, 1994）。

しかし，子どもの解釈や理論の重視は，年長児のプロジェクトに限らず，より年少の段階から始まっている。レッジョの実践記録集『子どもたちの100の言葉』（Municipality of Reggio Emilia／木下ら訳, 2001）には，「雨の理論」や「ねこの誕生や成長の理論」など絵と言葉による子どもの「理論」の数々が紹介されている。それは「雨はどこにでも，フランスや日本の街にも降るんだよ。それから雨は，地面に沁み込んで，小さな水路に入るの。水は，はじめ，大きな水差しに集まり，それからパイプに入り，パイプの中を回って，最後に水道の蛇口に出てくるんだよ」といった類の子どもらしい推論とその図解である。しかし，レッジョの大人たちは，それを子どもらしい誤りを含んだ物語や「素朴理論」として見過ごすことに満足しない。むしろ背後にある心のはたらき，すなわち「自ら問いを発し答えを求めようとする意図」（Rinaldi, 2006）を重視する立場から，この背後の力を伸ばす最初の手がかりとして，その不完全な理解をそれとして受容しようというのである。

したがって，プロジェクトの中で，子どもが幼なすぎて発想がアニミスティックに傾斜しても，それはそのときその子に可能な精一杯の探究方法であり現実解釈であるととらえて，その表現を尊重する（Cadwell, 1997）。

しかし，それは，ファンタジーに向かうものとして容認されたわけではなく，年齢が進むにつれて，いずれはリアリティの重石のかかった洞察へと赴く道程の第一歩として受けとめられているのである。

3 前提をなす学習観

その前提には，子どもたちの意味形成能力をあらゆる学習の基礎としてとらえる学習観，

さらには，大人は自分の意味や解釈を子どもたちの意味や解釈とつなげて実りある対話へともっていくことが指導の第一歩であるとする指導観が横たわっている。

第3節　何のために何をどう表現するか──探究のための図像表現

1　アトリエの重要性

　レッジョ・エミリアの幼児学校は，その哲学が世に知られるようになる前は，しばしば幼児の美術学校とまちがわれたという。確かに，マラグッチ（Malaguzzi et al., 1994）はかつて「できることなら，アトリエに似た実験室だけでできた新学校」を夢見ていたと後に述懐している。しかし，それは彼が狭義の美術教育を目指していたことを意味しない。伝統的学校の言語主義によって奪われてきた100の象徴的言語を子どもたちの手もとに取りもどすことこそが彼の本意であった。実際の新学校には，各校1室のアトリエが設けられるにとどまったが，そこは，幼い子どもの心と手，知性と創造性が相互に触発しあいながら育つための拠点となった。そして，アートは，子どもが日々自由に選ぶことのできる活動の1つとされる一方，プロジェクトに組み込まれて，子どもの共同的探求を支える主要な媒体となっているのである。

2　プロジェクトに埋め込まれたアート

　レッジョのプロジェクト活動は，主題選びの話し合いから始まることが多く，そこでは1人ひとりの子どもが主題に関する自分のアイデアを話し言葉で表現する。そして，ほとんど例外なく，教師は子どもに，これらのアイデアを図像によって表現することをすすめる。そういう場合，媒体はマーカーによる線画，紙細工，粘土細工など，子どもが日頃十分に使い慣れた簡便なものが用いられる。表現の力点は，事物の外見よりは，事物の作用や変化，内部構造や関係に置かれる。外見が対象となる場合でも，視点や位置を変えればどう見えるかなどの問題が問われていたりする。描き方も描写的というよりは説明的となり，簡略なスケッチやデザイン（下絵）としての図像表現が多くなる。要するに，プロジェクトの過程では，図像表現は何よりもまず，子どもがテーマについて探索し，考察し，伝え合い，設計し，説明する手段として活用されているのである。

3　探究学習における図像的表現の役割

　マラグッチ（Malaguzzi, 1998）は，共同的探究学習の場に置かれた幼児にとっての図像表現の意義を次の2点に見いだしている。第1に，それは子どもがいだいたアイデアを明確化し，より伝達可能なものに変えていく手立てである。「素描を行なうとき，子どもは図像的な介入を行なっているだけでなく，アイデアを選択し，極端なアイデアや表面的なアイデアや誤った方向に導くアイデアを取り除いている」のだし，その結果「問題の枠組

みや輪郭を再設定し明確化」しているのである。第2に，図像表現は「思考や活動や見通しにおいてほかの子どもとの連帯を強め，……協同の能力を支える絆として役立つ。だから，子どもたちどうしの学びのゲームは終わることなく，発見が次から次へと続くことを可能にする」。要するに，仲間と伝えあう必要が，図像的表現によるアイデアの明確化を促し，それが共同的探究の継続を支えるのである。

4　プロジェクトにおける美的創造

　もちろん，図像表現がおもに共同的探究に役立てられているからといって，レッジョのプロジェクトで芸術的創造が軽視されているわけではない。むしろ，プロジェクトにおける知的探究は，図像的表現に媒介されることによって，個々の子どもの身体性や感性により深く根ざすものとなり，その全人的性格がしばしば，活動の総仕上げとしてまとめられる「理論」や最後の共同制作に反映されていくように思われる。粘土とグラフィックスによる表情豊かな「群衆」像（Municipality of Reggio Emilia／木下ら訳, 2001）は，その典型例であろう。

　また，プロジェクトにおける図像表現は，表現技法の工夫や向上と無縁なわけでもない。そうした追究の例は，「群衆」プロジェクトにおける「横顔や後姿の描き方」，「バラのまわりで」プロジェクトにおける透視図法の探究などにみることができる。そこでは，あくまで子どもの主体的興味に沿った探求的で意味形成的な取り組みとして，さらにまた，この年齢層の子どもの空間認知に関する学習課題――たとえば，他者視点取得課題など――の追究と表裏一体をなす形で，表現技法の追究が重ねられているとみるべきであろう。

第4節　関係性と対話――協議，助言，批判，論争

1　小集団における対立と自己相対化

　マラグッチ（Malaguzzi, 1993）によれば，プロジェクトに最適な集団とは「年齢や発達段階にあまり差のない2人，3人，ないしは4人の小グループ」である。その規模だと，幼児にも持続的で効率的な伝えあいが可能となり，複雑な相互作用や建設的な対立と，自己制御的な適応が生じやすいからである。対立矛盾は子どもたちの思考へのチャレンジとなると同時に，自他の視点の違いの認識や自己の見方の相対化に導く。「たいていの子どもが，自分の考えを述べるにあたって相手の感情を害さない表現の仕方をするようになります。子どもたちは，『私は思うんだけど』とか，『僕の見方だと』とか，『私の考えがみんなにとって正しいかどうかわからないけれど』という言い方をする」（Malaguzzi, 1998）ようになる。前述のとおり，子どもたちはまず自分の意見を持つことを求められるのだが，それは一方的な意見どうしのむき出しの衝突に陥ることなく，このように建設的な対立へと導かれる。そして，こうした効果がもたらされやすいのは，小集団という環境のせいば

かりではなく，そこで子どもたちの遭遇する矛盾の多くが，直接的な生活上の利害の対立ではなく認知上の対立だからだと，マラグッチ（Malaguzzi, 1998）は考えていたようである。

> 「原則や考えの衝突は，とても豊かなものとなりうるが，必ずしも直接的な対決として表現される必要はない。認知上の軋轢は，常に対決によって表現されるとは限らず，愛情ある行為や平和で穏やかな受容的行為によっても解決できる。この複雑な発達においては社交的な感情が強力な役割を演じる。」(Malaguzzi, 1998)

2 プロジェクトにおける探究と対話

小集団における建設的対立についての以上の考え方に基づいて，実際のプロジェクトではどのような伝えあいが組織されているのだろうか。

(1) 主題決定と個々人のストラテジーの明確化

第1は，それが可能な場合には，やりがいのある主題の選定に時間を惜しまないことである。たとえば「小鳥の遊園地」プロジェクト（Municipality of Reggio Emilia／木下ら訳, 2001）では，そのための話し合いに何日もかけている。また，その過程は，1人ひとりの子どもが自分は小鳥たちのために何をしたいと思うか，そのイメージを豊かに膨らませ交換することの積み重ねから成り立っている。したがって，全体の共通テーマが定まるときまでには1人ひとりがそれにどう参加するかのストラテジーもある程度明瞭になっている。

(2) 相互の助言と批判

対立や矛盾のはらむ生産性を活かすという考え方が，最も明瞭に姿を現わすのが，子どもどうしの助言や批判においてである。たとえば，「小鳥の遊園地」プロジェクトのビデオ版では，正しいと信ずる自分の考えを何とか相手にわからせようとして言葉を尽くして（けっして手は出さずに）論争を続ける子どもの姿とともに，相手の気持ちを傷つけないように穏やかに助言しあう子どもたちのようすが映し出されている。また，「群衆」プロジェクト（Municipality of Reggio Emilia／木下ら訳, 2001）では，次のようなやりとりが見られる。

子どもたちは，「群衆」とはどんなものかについて言葉で思い思いの表現をしたあと，それを絵に描く。1人ひとりの絵をめぐってグループの子どもたちから感想が出される。
「あなたは，どの人も同じ方を向いてるみたいに描いてる！」
「このひとたちはみんなお友だちだから，同じ方に歩いてるの！」と作者。
「でも，群衆の中の人がぜんぶ友だちや親戚じゃないでしょ」
こうして，群衆の群衆らしさへの，またその表現の方法へのさまざまな探求が始まる。ゆ

っくり時間をかけ，話し合いを重ねた末に，子どもたちは粘土とグラフィックスによる表情豊かな群衆像を完成させる。

　保育の場で子どもに作品の相互評価をさせるのは，日本のみならずアメリカでも難しいといわれる。相手を傷つけ自分の評判を落とす行為を子どもに強いることになりかねないからである。これに対し，レッジョ・エミリアの保育者たちは日頃から，子どもたちがお互いの制作活動に関心を持つように仕向けると同時に，上記のような相互批評を実践の随所で可能にしているのである。

（3）対立を生産的な仮説へ

　意見の対立が検証可能なものであれば，それを仮説に転換して子どもたち自身に検証させることもあるようだ。エドワーズ（Edwards, 1998）は次のような例を紹介している。

　新入生に送る「学校案内」づくりのプロジェクトで，アトリエへの通路の図解をめぐって，シルヴィオは，3歳児の話し方は大きい子とは違うから，それにあわせて絵も「へたくそに」描くべきだと力説する。ほかの子たちは大反対で，そんな絵は役に立たないと反論。先生は「両方の絵を描いて，年少クラスに見てもらったら」と提案する。絵を描いたジュリアとシルヴィオを先頭にグループ全員で年少クラスへ。3歳児に絵を見比べてもらった結果，ジュリアの絵に軍配があがる。先生のサバサバした事務的な対応のおかげで，シルヴィオも傷つかずにすみ，教室に帰るとシルヴィオを含めみんないっしょに楽しそうに仕事を再開する。

第5節　ドキュメンテーションと自己評価・相互評価のシステム

　日本やアメリカの子どもたちには難しい相互批評が，レッジョ・エミリアの子どもたちには，なぜ可能なのだろうか。家族どうしでもすべてを言葉で表現しようとするイタリア人のコミュニケーション習慣，そして「子どもにはまちがえる権利があるんだ」（Malaguzzi, 1994）と子ども自身が言い放てるレッジョの自由な学校風土も無視できない。しかし，それらすべてを前提にして成り立っている，より直接的な指導のシステムがある。それはドキュメンテーションと相互評価のシステムである。

　ここでいう評価の主体は子どもたち自身であり，評価の基本的なあり方は自己評価であり相互評価である。ヴェア・ヴェッキによれば，レッジョの子どもたちは，その日の作業を終えると，グループ・メンバーごとに集まって，自分のした仕事およびほかの子どもがした仕事についてコメントしあう。また，数日かかって仕事が一段落したような場合には，いっそう時間をかけた自己評価と集団評価が行なわれる。その評価のプロセスは，自分たちのしてきた仕事を再訪することから始まる。

1　再訪の手段

日々の作業の終わりになされる場合には，子どもがその日に生み出した線画や粘土細工などの作品，教師のノート，デジカメの写真，稀にはビデオ録画などが再訪の手段となる。しかし，活動の節目での評価ともなれば，同じ子どもによって時間を隔てて制作された複数の作品，子どもたちの言葉および，やりとりの録音，大人の間の対話の記録，そしてしばしば，それらのデータを使って構成されたビジュアルな実践記録としてのドキュメンテーションなどが用いられる。これらの記録は，教師たちによる子どもの活動の分析や予測の材料として，また，家族に子どものプロジェクトの進行状況を伝える展示として利用されるが，それ以前に，このように子どもたち自身による活動への再訪と自己評価のおもな手段として活用されるのである。

2　評価の焦点と目的

評価の焦点は，目に見える結果（作品など）よりは活動の過程に置かれる。しかも，それは単に自分たちの行動をたどり直すだけでなく，通ってきた学習のプロセス，遭遇した障害，疑問，解決策，まだ解決されていない課題について再考することを意味する。これには，頻繁な反省の機会を持って，考えを比較し，技能を訓練することを必要とする。レッジョの幼児学校は，これを，バランスのとれた状況内で，仲間間で，そして共有された状況の中で，行なってきたのである。

3　相互評価の難しさ

しかし，レッジョでも相互批評は容易ではない。特に作品の相互評価は，厳しく困難なプロセスとなりやすい。ヴェッキ（Vecchi, 2001）は理由を「多くの異なった，しかし，等しく正当な視点が衝突しあうため」だという。「第1は，絵の作者の視点である。作者は，ある心的イメージを持っており，彼の表現が彼が心に思っていることと実際にできることとの間の妥協の結果であることに気づいている。第2は，しばしば異なる方法で状況および表現を解釈するクラスメートの視点であって，それは作者がたどり着いた妥協を掘り崩すのである」。前述の「群衆」の描き方をめぐる批判はその好例であろう。

4　自己評価からの出発

しかし，ヴェッキは，この相互評価システム構築への比較的容易な道を見いだしている。その第一歩は，要するに，プロジェクトにおける自分の活動や思考の発展過程への再訪から始め，自己反省の機会を重ねることにほかならない。

ヴェッキ（Vecchi, 2001）によれば，「自分の思考が発展してきた筋道を自分がどう認識しているかについて子どもは慨してよく理解できる」。これはヴィゴツキー（Vygotsky, L.S.）の「発達の最近接領域」に似たプロセスであって，そのため子どもは，再訪の機会を頻繁に持ち技能を高める中で，まもなく「自分自身が取り組んだプロセスについて驚く

べき明瞭さで自己反省を行なうことができる」ようになる。自分自身の努力の過程を，失敗も含めて，気の置けない仲間の前に披瀝(ひれき)できるようになれば，相互評価はもう手の届く範囲にある。

5　もう１つの目的

自己評価が厳しすぎる場合には，教師が介入して，その子の努力や進歩の価値を自覚させる必要がある。「教師のこの時点での役割は，まさに，それがどれほど小さくても，その子の進歩を目立たせることである。その子はこれらのぶつかり合いから勝利者として立ち現われるべきなのだ」。したがって，評価の今ひとつの重要な目的は，上記の反省的姿勢の開発と表裏一体をなして，活動の過程で発揮され，その過程とともに消え失せる子どもの大小の知的努力や工夫をとらえ直して，その価値を共有することにある。

ヴェッキ（Vecchi, 2001）は，ドキュメンテーションによる評価の目的と性格を次のように要約している。ドキュメンテーションをはじめとするプロセスの記録はすべて，

> 「完成品（この場合，絵）にだけ焦点を合わせた評価ではなく，より広い評価を可能にする貴重な材料なのです。それは特に，子どもと教師がいっしょに行なってきた活動過程のいたるところにおよび，固定的判断を下すことなく新しい可能性への道を開くような，そういう自己評価と評価の努力に子どもと教師の双方を携わらせる，友好的な種類の評価となるのです。」（Vecchi, 2001）

第６節　おわりに──レッジョ・エミリアのカリキュラム観について

以上述べてきたことについて余分なまとめは不要だろう。ただ，１点つけ加えておきたいのは，発生的カリキュラム（emergent curriculum）とよばれるレッジョ・エミリア独特のカリキュラム観についてである。以上のような子どもの活動過程に関する教師たちの解釈とそれによって生まれるその後の子どもの活動への予測やはたらきかけの準備は，発生的（または創発的）カリキュラムともよばれる。最近，リナルディ（Rinaldi, 2006）は「状況的カリキュラム（contextual curriculum）」という用語も用いている。しかし，誤解を避けるためには，彼女が『子どもたちの100の言葉』の改訂版で用いた「ドキュメンテーションを通して構成される予測型カリキュラム，すなわちプロジェッタツィオーネ（progettazione）」（Rinaldi, 1998）という説明的な言いまわしのほうが，このカリキュラムの本質をよりよく表現し得ているように思われる。

杉浦（2004）は，リリアン・カッツ（Katz, L.）らがプロジェクトの展開過程を直線的な３段階として提起しているのに対して，このレッジョのカリキュラムが描く軌跡を台風の予想進路に似た変化の多い曲線としてイメージしている。確かに，レッジョの教師たちは，

子どもたち自身の関心の発展にともなって引き起される漸進的な変化こそが、プロジェクトにまとまりを与え「経験されるものとしてのプロジェクトの生命」となると考えている。
　しかし、彼らの本領は、観測者にとどまることなく、その観測に基づいて子どもとの対話のキャッチボールを重ね、子どもと同僚といっしょに曲折のある有意味な活動の進路をつむぎ出していくところにあるといってよい。それはリナルディ（Rinaldi, 2006）自身も認めているように、もはやカリキュラムの概念によっては説明しがたいものかもしれず、今のところ、プロジェッタツィオーネというイタリア語で表わすほかないものなのかもしれない。

■ 引用文献

Cadwell, L.B. 1997 *Bringing Reggio Emilia Home*. New York: Teacher Colledge Press.
Edwards, C. 1998 Partner, nurturer, and guide: The role of the teacher. In C. Edwards, L. Gandini & G. Forman (Eds.), *The Hundred Languages of Children*. Pp.179-198.
Forman, G., & Gandini, L. (Eds.) 1994 A videotape: *The Amusement Park for Birds*. Amherst: Performanetics Press.
木下龍太郎　2001　子どもの声と権利に根ざす保育実践　現代と保育, **50**, 116-194.
Malaguzzi, L. 1993 For an education based on relationships. *Young Children*, **49** (1), 9-12.
Malaguzzi, L. 1998 History, ideas, and basic philosophy: An interview with Lella Gandini. In C. Edwards, L. Gandini & G. Forman (Eds.), *The Hundred Languages of Children*. Pp.49-98.
Malaguzzi, L. Castagnett, M., Rubizzi, L., & Vecchi, V. (Eds.) 1994 A Journey into the Rights of Children: As seen by children themselves. Reggio Children.
Municipality of Reggio Emilia 1996 *Catalogue of the Exhibit: The Hundred Languages of Children*. Reggio Children.　木下龍太郎・田辺敬子・辻　昌宏（訳）2001　子どもたちの100の言葉―イタリア／レッジョ・エミリア市の幼児教育実践記録　学習研究社
Rinaldi, C. 1998 Projected curriculum constructed through documentation-Progettazione: An interview with L. Gandini. In C. Edwards, L. Gandini & G. Forman (Eds.), *The Hundred Languages of Children: The Reggio Emilia Approach-Advanced Reflections*. 2nd ed. London: Ablex. Pp.113-126.
Rinaldi, C. 2006 *In Dialogue with Reggio Emilia: Listening, researching and learning*. Oxford: Routledge.
杉浦英樹　2004　プロジェクト・アプローチにおけるプロジェクトモデルの妥当性―レッジョ・エミリアの理論と実践による検討　上越教育大学研究紀要　第23巻　第2号　Pp.393-427.
Vecchi, V. 2001 The curiosity to understand. In Project Zero and Reggio Children (Eds.), *Making Learning Visible: Children as Individual and Group Learners*. Reggio Children. Pp.158-213.

第2章

スウェーデンにおけるテーマ活動
── 「学び」へのアプローチ

　子どもは，日常の生活の中で多様な経験をし，その経験を自分で解釈して，その経験の意味を理解する。子どもは自分の生活世界（意味体系：理解）を持っている。周囲の世界についての子どもの理解は，子どもが何をどのように経験するかに依存している。世界についての子どもの理解が，いっそう深まり豊かになるためには，子どもは現実世界の意味（解釈の仕方）を学ばねばならない。「どのようにして子どもは自分の周囲の世界を理解し考えるようになるのか」「子どもたちは何を学ぶべきか」という問いは，教育・保育の根幹の問題である。その解答は，その国の保育・教育システムのあり方や社会規範（基本的な価値観）にも影響を受けるであろう。

　スウェーデンでは，1990年代の地方分権（地方自治法の改正による委員会組織の自由化）の流れの中で，保育と学校教育の行政組織の一本化が進んだ（泉, 1997）。そして，1998年1月1日に，保育は公教育制度の一部となった。就学前保育は，生涯学習の基礎（第1段階）に位置づけられ，1歳から5歳までの国基準保育カリキュラム（Lpfö98）が導入された（泉, 1999）。今日では，保育カリキュラムは学校教育カリキュラムとリンクしており，教育システム全体の質の向上を目指した目標の一環として，「知識・発達・学習（学び）」については，共通の概念を持つようになっている。

　しかし，保育現場においては，従来と大きな変化はなく，異年齢混合クラスが一般的で，クラスの子どもの人数は平均で（自治体ごとに異なる），1～3歳児14名，1～5歳児17名，3～5歳児18名である。いずれのクラスにもフルタイムで3名分（全体で120時間/週：40h/w，30h/w，30h/w，20h/wなど）の保育者が配置されている。

第1節　保育における「学び」へのアプローチとしての「テーマ活動」

　スウェーデンにおいては，ますます細分され複雑になっている生活の中で，子どもたちがものごとの関連性を体験し，全体像をつかむことができるようになることが，保育の課

題となっている。保育実践においては，長期間1つのテーマを扱い，子どもたちが理解と知識を得る可能性を与えるために，そのテーマにいろいろな角度から光を当てる方法が採用されている。このように，スウェーデンにおいては，「テーマ活動」は，保育における教育（学び）のアプローチ（保育方法）を意味している。「テーマ活動」は，国の「保育カリキュラム」にも位置づけられている。

1 「保育のための教育プログラム」（『保育指針』1987年3月刊行）

1985年12月に国会は，「1991年までに1歳半からのすべての子どもが，全日制保育か半日制保育かオープン保育かのいずれかで，保育における教育活動に参加する権利を持つ」という議案を採択した。同時に，保育活動の目的を決定し，保健福祉庁に「保育のための教育プログラム」（保育指針）を作成するよう要請した。そして最初の国の『保育指針（An Educational Program for Swedish Preschool）』が1987年3月に刊行された（泉，1989）。

そこには，子どもたちの関心の領域として，「自然」「文化」「社会」があげられ，活動形態として「仕事」「遊び」「学び」があげられており，「子どもは，仕事と遊びを通して学ぶ」と記されている。また，「テーマ活動」の項目が設けられ，次のように記されている。

「教育方法としてのテーマ活動は，長期間活動の内容を1つの現実的な問題あるいは選択された一定範囲の枠内にある分野に集中することを意味している。選択するテーマは，子どもにとって意義があり，子ども自身を取り巻く環境の中の重要な出来事や相互の関連性を子どもが考え理解することに貢献するものとする」。

「子どもたちが保育で習得する知識や技能は，子どもたちの過去の知識や技能と結びつけ，子どもたちの精神的・社会的発達過程に対応させ，新しいニーズと増大する条件を満たすために，徐々に発達しなければならない」。

「その目的は，子どもたちが，ものとものとの間の関係を発見することはもちろんのこと，広い視野を持つように援助することである」。

2 新「保育カリキュラム（Lpfö98）」（「教育要領」1998年8月1日施行）

1990年代の行財政改革の一環で，1998年1月1日現在をもって，これまで社会省・保健福祉庁の管轄下にあった就学前と学童の保育施設が，学校教育と同じ教育省・学校庁の監督指導下に置かれることになった。

学校教育と一貫性を持った新しい「保育カリキュラム（Lpfö98）」（Curriculum for Preschool）が作成され，同年8月に施行された。その構成は，大きく「基本的価値観と保育の課題」と「目標と指針」の2部に分かれている。1部の「保育の課題」の中に，「子どもたちは，遊び・社会的相互交流・探検・創造活動を通して，同様に，観察・議論・反省的思考によって，知識を探求しそれを発展させる」「テーマ（活動を方向づける方法）

は，子どもの学びを拡大し豊かにできる」と記されている。

　2部には「発達と学び」の項目が設定されており，「保育は，教育的アプローチによって特徴づけられるべきである。そこでは，保護，養育，教育（学び）が一体となって，一貫性のある全体を形づくっている。教育的活動は，それが子どもの学びと発達に刺激を与え挑戦するように遂行されるべきである。学びの環境は，内容と魅力によって開かれ，豊かにされるべきである。活動は，遊び・創造・学びの楽しさを促し，同様に新しい経験・知識・技能を学び習得する際の子どもたちの興味に焦点を当て，それを強化すべきである」と記されている。

第2節　スウェーデンにおける保育方法の変遷

　「テーマ学習」は，今日ではスウェーデンの学校における「教育方法」として広く定着している。では，どのようにして「テーマ活動」が保育方法として「保育カリキュラム」の中に位置づくようになったのだろうか。その変遷をたどってみよう（Karlholm & Sevon, 1990）。

1　1900年代

　「テーマ活動」の起源は，フレーベル（Fröbel, F.W.A.）の教育にまでさかのぼる。フレーベル（Fröbel, 1826）は，「子どもが生活の中にあるさまざまな事象の関連性を理解することが大切である」と考えていた。スウェーデンでは，1902年にノルシェッピン市に，モーベリ姉妹がフレーベル研究所を開設し，「活動の中心（主題: subject）」という用語を保育に導入した。

2　1920年代

　アメリカで児童心理学や教育学研究が盛んになり，多くのスウェーデンの研究者がアメリカに留学した。帰国後アルヴァ・ミュルダール（Myrdal, A.）はジョン・デューイ（Dewey, J.）の教育についての考え方を紹介した。

3　1930年代

　多くの外国の研究者をスウェーデンに招聘して，講演会や調査研究が実施され，保育の内容や構成（方法論）が議論された。そのうちの1人が，ウィーン心理学研究所のエルサ・ケーラー（Köhler, E.）であった。彼女は，以前にデューイの下で仕事をしたことがあった。

　ケーラーは，ノルシェッピン市のフレーベル研究所で働き，幼稚園教師の養成に携わった。当時，幼稚園教師たちは，マンネリ化した保育の刷新を願っていた。フレーベルの

「活動の中心」による保育は，難しい複雑な活動を行なうことが多かった。子どもが自分でできないような，絵や形の作業，難しい指遊び，長い歌詞の歌などであった。

ケーラーは，スウェーデンにおける幼稚園の保育方法の問題に取り組み，「興味の中心（theme）」という新しい方法を考案した。彼女は，デューイの教育学からこの方法を編み出したのである。それは，「子どもたちは活動することにより知識を獲得するという事実を通して，実際に本物の興味を持つようになる」という考え方を基本にしている。「活動の中心」はモデル学習になってしまっていたので，子どもたちが自由に活動し，創造することを見直したのである。

4　1950年代

就学前の保育は，子どもたちに一定の社会問題についての知識や特定の内容の知識（自然，まちや社会のしくみ，外国人など）を与えること（主題にすること）が重要であるとされた。

5　1960年代

高度経済成長と男女平等の議論を背景に，女性の社会参画が急増した。政府は保育問題審議会の答申（1965年）を受けて，保育一元化の大改革を行なった（泉，1991）。そして1968年に，新たに「保育施設審議会」を発足させて，「幼稚園と保育所の保育の内容と形態のあり方を調査研究すること」「就学前保育では何を目標とするべきかを定義すること」の検討を委託した。審議会は，ピアジェ（Piaget, J.），エリクソン（Erikson, E.H.），ミード（Mead, G.H.）の理論を統合して，1972年に2冊からなる報告書『就学前保育』（SOU 1972: 26, 27）を答申した。そこでは，保育方法の説明に「システム，活動エリア，活動ステーション」という3つの概念を使用している。

「システム」では，全体的なものの見方の持つ意味の重要さを強調しており，保育にとって重要な概念である。「主題を細分化することを避けるように努めること」「子どもはものごとや事象の関連性と相互関係に関する理解を長期にわたって育てていく。それは環境が提供する経験がもたらす結果の1つである」。

「活動エリア」とは，子どもたちが活動を行なう場所である。「活動エリアの環境は，子どもがお互いに協調できるように組織する。そこは同時に何名かの子どもがいっしょに遊ぶことができるスペースを与えなければならない」「活動エリアは，子どもがほかの子どもたちと協調すること，自分の能力を信頼することを学ぶことに貢献することとする」。

「活動ステーション」とは，材料を集めておく場所をさしている。「あるステーションには色や紙やいろいろな筆があり，ほかのステーションには水遊びの材料が置いてあるというようにして，環境が組織される。材料は多様性という可能性を生み出し，遊びが新しい形で刺激される」。

6　1970年代と1980年代

　『就学前保育』の考え方（特に大人の役割）の影響を受けて，多くの保育所の保育者は，子どもの活動を意識的に指導することを避けた。その結果，保育計画を立てたり，活動に構造を持たせたりすることが困難となった。活動はその時どきの「気持ち」を反映する形で進められた。保育者の視点は，1人ひとりの子どもに置かれ，子ども集団は教育的な手段としては使われず，全体的に保育は，個人主義的な方向性を持つようになった。

　子どもが時間を与えられて実験し探求するはずの活動ステーションは，活動の深化を促す場所ではなく，一時立ち止まり通り過ぎて行く場所となった。グループの構成が常に変化するため，保育者は子どもの活動をフォローアップする機会を持てなかった。多くの保育者が，この保育方法を大問題であると指摘し，新しい保育モデルを求めていた。

　社会一般の議論でも，幼児期の子どもたちが何を必要としているかは，意見がまとまらなかった。親が働いている間に子どもはどのような保育が必要か，年長児が就学を前にどのような「知識と技能」を必要としているか，ということに討論の焦点が向けられた。

　おりしも1981年に，ストックホルムでイタリアのレッジョ・エミリアの保育展示会が開催された。この展示会がスウェーデンの保育者へ与えた衝撃はきわめて大きかったといえる。以来，現場の保育者が20名程度の単位でグループを組んで，2週間～20日の日程でイタリアへ研修に出かけて行った。この研修旅行には年間約200名が参加し，10年間続いた。現在，ストックホルムには，レッジョ・エミリア方式の保育者養成コースが開設されている。

　この間（1986年）に，保健福祉庁は，保育のための教育プログラム（保育指針）を作成するよう政府から委託された。そして，カリキュラム策定のために専門家チームが組織された（Pramling, 2003）。このとき，就学前保育と学校教育との連続性（幼小連携）が課題となり，子どもたちが周囲の世界を「理解」する新しい方法「テーマ学習（活動）」が開発されたのである（泉，1992）。

　その後，新「保育カリキュラム（Lpfö98）」でも，「テーマ」は「学び」へのアプローチとして位置づけられ，就学前保育現場においても定着している。

第3節　「テーマ活動」の方法

1　子どもの「世界」へのアプローチ

　従来，就学前保育においては，保育者の関心は「活動」の領域や形態に焦点が当てられてきた。学校教育では，学びの対象——子どもたちが学習することを期待されている内容（subject）——に焦点が当てられてきた。

　世界の「保育カリキュラム」を比較しても，就学前保育を終了するまでに，子どもたちが到達（習得）することが期待されている課題（知識や技能）を記載しているものが多い

(Oberhuemer, 2005)。

　一方，スウェーデンの新「保育カリキュラム（Lpfö98）」には，努力目標（方向性）と保育に期待されている質が示され，大事にするべき価値観や方法上の課題が記載されているだけである（達成課題は示されていない）。スウェーデンにおいては，「学びの対象」にではなく「学びの主体（子ども）」に焦点が当てられているのである。

　プラムリン（Pramling, 1983）は，次のように指摘している。子どもは，「学び」での自分の役割を意識すればするほど学ぶことがじょうずになる。何かを学ぶということは自分自身によるものであること，子どもが自分の理解力に気づくと，どのようにして学ぶかということ，何かを学ぶためには自分自身が積極的にならなければならないということがわかるようになる。次の段階で，子どもたちは知るために学ぶということを理解する。最後に，子どもたちは理解するために学ぶということがわかる。

2　保育計画の立て方

　保育の「ねらい」は，理解力や技能のどの能力が，現在のテーマの助けを借りてそれを発達させる機会を子どもたちに与えることができるか，という観点から設定される。構想の焦点は，経験の領域や活動（対象・客観的世界）ではなく，子どもたちの中に生じてくること（思考・主観的世界）に当てられる。

　テーマ活動では，従来の保育とは異なり，特別な方法で計画を立てる（Pramling & Doverborg, 1996）。

（1）計画の初期の段階で保育者に要求されること

　これから取り組むテーマに関する「知識」を習得することである。保育者が知識を習得するのは，その知識を子どもたちに伝えるためではなく，その知識が，子どもたちを一定の方向へ導くことができるようにするためである。保育者が理解していないことを子どもたちにわからせようとするのは無理である。テーマが始まるときには，保育者は子どもたちよりも多くのことを知っていなければならない。ねらいと関連させて子どもを刺激し，子どもが考え発達するのを援助することができるいろいろな材料や見学先があることを知っておく。

（2）ねらいと目的

　活動の方向づけに際して，一定のねらいに焦点を合わせなければならない。テーマで焦点を当てるべき，子どもの「理解」を選定する。理解力と技能のうちのどの能力が，現在のテーマの助けを借りてそれを発達させる機会を子どもたちに与えることができるか，ということを決めなければならない。これは，構想の焦点が，領域や活動にではなく，子どもたちの中に生じてくること（思考）に当てられることを意味している。このテーマの期間中に，子どもたちは，どの現象・概念・関係性に注意を向けるべきかを考察する。

（3）構成

テーマは多様な展開の可能性を秘めている。保育者は，テーマの中から，わかりやすい特定の側面を選び出さなければならない。すなわち，焦点を構成するものと背景を構成するものが何であるかを考察して，活動の方向性を決めるのである。視点が定まり，概念・現象・関係性がはっきりしてくると，今度は，子どもたちがそれを洞察できるような状況（場面）をつくり出す。

状況設定（場面構成）には，外的構成と内的構成がある。外的構成には，サークル（話し合い），グループ分け，時間，場所，絵画・劇などでの表現，等々が含まれる。内的構成とは，直接目には見えない現象や概念の内部にある仕組みや関係性のことであり，また，子どもたちの概念（理解の仕方）や技能を構成している内的なものである。

洞察力や特定の技能は，独自のつくり上げられた内的構成を持っており，何か目に見えないものを理解するときに使われる。既成の理解を変えようとする場合，必要なことは，この理解されている事柄がどのように構成されているかを考えることが先決となる（Marton, 1986）。内的構成をわかりやすくする方法の1つは，視点を絞ることである。

（4）評価

テーマの評価で重要なことは，全プロセスを注意深く観察して，子どもたちがどのように自分たちの思考の質を変えているかをみることである。また，保育者自身が，自分の想定を思い返すことも重要である。

子どもの反応をみるとき，なぜ子どもはそれぞれ異なる方法で解決するのか，どうして結果は予想していた通りにならなかったのか，それは，保育者としての自分の行動とどんな関係があったのか，などを自問してみる。

第4節　「テーマ活動」の実践例：お店（抜粋）

「お店ごっこ」は，日本の保育でもなじみのテーマである。では，「お店」は，「テーマ活動」ではどのように展開するのだろうか。『スウェーデンの保育方法　テーマ活動その理論と実践』（Pramling & Doverborg, 1996／泉訳, 1998）を参考に，事例を紹介しながらその方法を考えてみよう。活動を始める最初の段階で，保育者が計画したこのテーマの「ねらい」は2つである。

1　ねらい（目標：課題）

- 買い物客の視点：買い物をするときに知っておくべきこと
- 店の視点：商品を売買するときの店の運営の仕方（商業機能として，そこで働く人たちのこと）

テーマ設定の理由は，子どもたち全員が，親と買い物に行って，店について何らかの経験をしていることである。ねらいの視点は，「子どもたちが，店で大人がどのように行動するのかを体系的に学ぶことができる」「子どもたちが，商業や売買の世界の交換原理に関心を向けて社会化される」「客が品物に対して代金を支払うのと同じやり方で，店も商品を得るために代金を支払わねばならないという，モラルの側面を学ぶことができる」などである。

2　子どもたちの「世界」（聴き取り）
　ねらいを達成するためには，子どもたちが何をすでに知り理解しているかを，保育者は察知しなければならない。子どもたちの考えを明らかにするために，対話（インタビュー）をする。その結果，次のことが明らかになった。
　すべての子どもが買い物に行って何をするのかを知っている。食料品は種類によってグループ分けしてあること，品物の代金を支払わねばならないことも知っている。しかし，品物には値札（値段）がついていることを，全員が知っているわけではなかった。また，店の従業員がそれぞれ違った仕事に従事していること，品物がよそから運ばれてくることは知っていたが，店が品物を仕入れなければならないことや，客のお金が店の人によってほかのこと（仕入れ）に使われることを理解していなかった。広告の役割も知らない子どもが多くいた。

3　値札の役割
　品物には値札（値段）がついていることに気づいた子どもには，今度お母さんかお父さんといっしょに買い物に行ったときに，値札がどんなものか，品物の値段がいくらかを，よく注意して見てくるように話す。値札について知らなかった子どもたちは，小グループをつくって店に連れて行き，値札を探すように促し，「何が書いてあるか」「どうしてその場所に貼ってあるのか」「なぜある値札は赤色なのか」などを尋ねさせる。「値段」に気づかせたい子どもには，ごっこのときに，店で売る品物に値札をつけさせてもよい。

4　お店へ買い物に行く（テーマの展開）
　お店ごっこを始める。棚に食品の空パックなど品物を並べる。買い物をして使用済みのゴミ（空箱）はゴミ箱（指定の箱）に入れるよう指示しておく。しばらくすると棚が空になり，子どもたちは「買うものがない」と言いはじめる。このときに，みんなで討論をする。「実際の店はどこから品物を仕入れるのか」「それらの品物はどのようにして店に運ばれるのか」「店が品物の代金を支払わなければならないのか」「支払いのためのお金はどこから手に入れるのか」といったことを話し合う。その後，工場（別室：保育者の事務室を使用してもよい）で品物を作り，運転手になった子が品物を（運搬箱に）集めて店まで運び，代金を現金箱から受け取る。こうして保育者は，売買の一般的な原理を説明する状況をつ

くりだすことができる。

　店が品物の代金を支払わねばならないことを理解することは，関連性を理解することである。この関連性は内的構成であり，これを明確にすれば，子どもたちは交換原理を理解できるようになる。

　「ねらい」には含まれていないが，このテーマから学びのチャンスは次のように発展が可能である。お金を作る際に，本物のお金を写し描きすると，数字や文字に関心を示す機会となる。品物に値段をつけるなら，数を認識し学ぶ機会を持つ。大きな袋は小さな袋より値段が高い（量が多い）。品物がほかより値段が高い理由としてほかにどのような特徴があるか。また，個々の食品がどれくらいの値段なのかという現実的な概念を持つことも可能になる。

5　広告の役割

　店に客がいないときに，店員役の子どもたちに「どうすればお客が店に来てくれるか」と尋ねる。子どもたちが広告を作るときに，保育者は手伝うことはないかと尋ねる。ほかのグループの子どもに広告を配るときに，「今日店で何かを買うと，ジュースがもらえる」ことを伝えるように，子どもに話す。そしてジュースの準備をする。店で買い物をした子どもにジュースを与える。

　一日の保育が終了して帰宅する前に，子どもたちと話し合い，どうして今日はたくさんの子どもが「お店ごっこ」に参加したのかを尋ねる。「ジュースをもらえたから」と子どもが言うと，本当のお店で何か（景品）をもらったことがあるかを尋ねる。こうして，子どもたちは，実際の経験と保育園で起こったことを比較できる。また，新聞のチラシや広告の写真を話題にして，広告の意味（機能）を考える機会を持つこともできる。

6　評価

　このテーマの活動を通して，子どもたちがさまざまな経験をし，ねらいに示した概念や知識を習得する機会を与えることができたと考えるなら，再度子どもたちと対話（インタビュー）をして，ねらいが達成されたか，子どもたちが期待通りの概念や知識を発達させているかを確かめる。評価は，テーマの評価と，子どもたちが発達させた概念や知識や技能の評価の両方を評価する。

　テーマ活動を実践しているときに生じてくる事柄を評価するためには，後でそのことをふり返るものを残しておくことが必要である。そのためには，子どもたちと保育者の両方の活動を記録することである。

　子どもの作品や活動の記録を通して，子どもたちはプロセスをたどることができる。子どもの会話をテープにとっておくと，子どもたちに，いろいろな考え方があることに気づかせ，またそれがさまざまな活動の中でどのように表現されているかを考えさせることができる。つまり，子どもたちが何かをする際には，多くのいろいろな方法があるというこ

とに気づく。また，自分自身が多くの異なる方法で考えるようになると，自分の考えをも意識するようになるのである。

第5節　保育における「学び」の方法──現象学的アプローチ

　子どもが何かを学ぶことができるようにするためには，保育者は，子どもたちが自ら話し考えるようになるように促すことが必要である。子どもたちが話し考えるようになるには，子どもたちがそのことに関わり，内容によって興味を喚起されることが必要である。
　大人は，子どもの「気づき」を発展させたいと望んでいることに，自分の注意を向けなければならない。そして子どもたちに，何をしているのか，何が生じているのか，どのように考えているのか，等々を話すよう求める。大人がこのような質問をして，子どもがどのように理解しているかということに興味を持ったとき，子どもたちは，自分の考えがほかの誰の考えよりも重要であるという経験をする。
　子どもが自分の経験を話すようになるには，大人は，さらに質問をし，子どもが自分の話を明快にするのを励ましながら，探りを入れなければならない。保育者が子どもの考えに感動し，関心を示して，示唆を与えると，子どもは，いっそう自信を持つようになり，考えたことや，思ったことなどを分かち合うことに勇気づけられる。
　保育者がこの原則を自覚し，できる限り実り豊かにそれらを使うことができるように努めることである。子どもたちが彼らの理解を発達させるには，組織的で目標志向的な活動が，保育者によって開発される必要がある。保育者は，内容を子どもの視点から見ることができなければならないし，子どもたちがどのように理解しているかということに関する子どもの表現に耳をかたむけなければならない。
　保育活動において，保育者は，子どもたちがものごとを考えるようになるような状況を準備する。子どもたちと保育者の両者が，子どもたちの理解の発達に積極的であれば，教育的状況が子どもたちの心の発達を目指してつくり出される。
　保育者はしばしば子どもたちに質問をする。「どういう意味か説明してくれる？」。子どもたちは，お互いの話し合いの際の，態度や質問のスタイルに徐々に慣れてくる（Mårdsjö, 1994）。

■ 引用文献

Fröbel, F.W.A.　1826　*Die Menschennerziehung.*　荒井　武　（訳）　1964　人間の教育(上)　岩波文庫
泉　千勢　1989　スウェーデンの保育のための教育プログラム（要約）　社会問題研究　大阪府立大学社会福祉学部　第38巻　第2号　Pp.71-83.
泉　千勢　1991　スウェーデンの保育事情　社会問題研究　大阪府立大学社会福祉学部　第40

巻　第1・2号 Pp.115-146.
泉　千勢　1992　スウェーデンの保育活動の実際　社会問題研究　大阪府立大学社会福祉学部　第42巻　第1号 Pp.53-79.
泉　千勢　1997　スウェーデンにおける90年代の保育施策の動向―リンシェーピン市の事例に基づいて　社会問題研究　大阪府立大学社会福祉学部　第47巻　第2号 Pp.213-238.
泉　千勢　1999　スウェーデンの新「保育カリキュラム」（Lpfö98）　社会問題研究　大阪府立大学社会福祉学部　第48巻　第2号 Pp.169-184.
Karlholm, G., & Sevon, I. 1990 *Tema-ett arbetssatt i förskolan*. Gummerssons Tryckeri AB, Falköping.
Mårdsjö, A.C. 1994 *An approach to learning in preschool*. Paper contribution to the Fourth European Conference on the Quality of Early Childhood Education. Settings in Interaction: Research and Implications, Göteborg University.
Marton, F. 1986 Some reflections on the improvement of learning. In J.A. Bowden (Ed.), *Student learning; Research into practice*. The Maryville Symposium. The University of Melbourne. Centre for the Study of Higher Education.
Oberhuemer, P. 2005 International Perspective on Early Childhood Curricula. *International Journal of Early Childhood*, **37**(1), 27-37.
Pramling, I. 1983 *The child's conception of learning*. Göteborg: Acta Universitatis Gothoburgensis.
Pramling, I. 2003 *The Playing Learning Child in Early Childhood Education*. Paper to be presented at a round table meeting on "Transition between preschool and school", Munich.
Pramling, I., & Doverborg, E. 1996 *Learning and development in early childhood education*. Stockholm: Liber AB. 泉　千勢（訳）1998　スウェーデンの保育方法　テーマ活動その理論と実践　大空社

第3章

アメリカにおける
レッジョ・エミリアの保育の広がり

　アメリカにおいては，1980年代よりレッジョ・エミリアの保育への関心が高まり，当地への見学ツアーや「子どもたちの100の言葉」の展覧会が各地で開催されてきた。1990年代始めには，アメリカの保育研究の中心的な刊行誌である"Young Children"や"Child Care Information Exchange"にてレッジョ・エミリアについての特集号が組まれ，幅広くその実践を国内に広げることになった。現在では，レッジョ・エミリア・アプローチについて，全米幼児教育学会であるNAEYC（National Association for the Education of Young Children）の全国大会やウェブサイトで盛んに意見交換が行なわれている。また，アメリカとイタリアの協同作業の産物である季刊誌"Innovations in Early Education: The International Reggio Exchange"が発行されたり，レッジョに関心を持つ人たちの北米のネットワーク組織であるNAREA（North American Reggio Emilia Alliance）が設立されるなど研究活動がくり広げられている。

　一方，レッジョの保育はけっして真新しいアプローチではなく，進歩主義の流れを受けたものであり，アメリカに限っていえば1960年，1970年代に浸透したオープン・エデュケーションと重なる部分も多い。さらには，レッジョ・エミリア・アプローチをそのままアメリカに持ち込むのではなく，文化差を前提に考慮しなければならないことなどは，日本でも論争されている点である。約80年前にアメリカがイタリアのモンテッソーリー（Montessori, M.）の保育を絶賛し，その思想を持ち込んだものの，しだいにそのブームが下火になっていったことを指摘する声もある。ここではまず，レッジョ・エミリア・アプローチとアメリカの保育カリキュラムの関係について考察する。

第1節　アメリカの保育カリキュラム

1　構成主義

　アメリカの保育カリキュラムのおもなものとしては，モンテッソーリー・メソッド，発

達相互作用アプローチ（別名バンク・ストリート・アプローチ），行動主義に基づく直接指導モデル，ピアジェ理論に基づく構成主義モデルがあげられる（Goffin & Wilson, 2001）。構成主義モデルの中では，ワイカート（Weikart, D.）らによって開発されたハイ・スコープ（High/Scope），ピアジェ（Piaget, J.）のもとで学んだカミィー（Kamii, C.）やデブリース（Devries, R.）によって紹介されている保育のモデルが範疇に含まれている。構成主義は，レッジョ・エミリア・アプローチの中でもその影響がうかがわれる。解説書で知られる『子どもたちの100の言葉―レッジョ・エミリアの幼児教育』（Edwards et al., 1998／佐藤ら訳, 2001）の中では，レッジョの保育はデューイ（Dewey, J.）らの進歩主義教育，ピアジェやヴィゴツキー（Vygotsky, L.S.）の構成主義心理学，イタリア戦後の左翼の改革政治という3つの思想の流れを受けたものであると解釈されている。上記に述べたようにピアジェ理論は，アメリカの保育カリキュラムの主流でもあるが，ヴィゴツキーの社会的構成主義も近年，カリキュラム選択の重要な視点として注目されてきている。レッジョは，アメリカにおける社会的構成主義の普及と理解に大きく貢献しているといわれている（Edwards et al., 1998）。たとえばアメリカの保育界のバイブルともいえる NAEYC 発行の"*Developmentally Appropriate Practice in Early Childhood Programs*"[*1]（『乳幼児の発達にふさわしい教育実践』）の改訂版（Bredekamp & Copple, 1997）では，初版には一度も出てこなかったヴィゴツキー理論が何度も紹介されている。

2 進歩主義

　スポディックとサラチョ（Spodek & Saracho, 2003）は，アメリカで伝統的に受け継がれてきた3つの教育の流れ――①ロマン主義，②文化の伝達，③進歩主義――を紹介し，レッジョ保育はこの3つ目に属するものと説明している。1つ目のロマン主義とは，ゲゼル（Gesell, A.L.）やフロイト（Freud, S.）などの発達理論に基づいたものであり，子ども主体の活動，子ども中心の保育として知られている。2つ目の文化の伝達とは，文化の伝達者としての大人が被伝達者としての子どもたちに，直接的指導を通して知識を伝授することを教育ととらえている。3つ目の進歩主義とは，デューイの思想の流れを汲むものであり，子どもたちは自分たちのコミュニティの中から情報を集め，同時に遊び，語り，アートなどを媒介にした象徴的な形でその情報を再構成することによって，知識を自分たちで形成していくという教育観である。

　スポディックとサラチョは，保育界に旋風を巻き起こしているプロジェクト・アプローチとレッジョ・エミリア・アプローチについて誤解を生みやすいことを危惧しつつ，若手保育研究者および実践者らに次のように説明している。現在革新的と注目されているこれらのアプローチは，もともと初期の進歩主義の学校，1960年，1970年代のアメリカにおける「オープン教育」や，イギリスの幼児学校の「統合された日」（Integrated Day）の中にその伝統がみられるのであり，けっして新しいものではない。しかし，アートを媒介としていくやり方は，レッジョ・エミリア・アプローチ独特のものであると補足している。

このように，レッジョ・エミリア・アプローチはアメリカの主要な保育カリキュラムの概念と共通項がみられるものの，アメリカのレッジョ研究者らは，相違点を次のように述べている。

第2節　アメリカとレッジョ保育の相違点

1　子ども観

　子どもとは？　子ども時代とは？　子どもはどのように学ぶのだろうか？　第二次世界大戦後の荒廃した村で，地域の人たちの手作りで始まったレッジョ・プログラムの中では，その復興の願いと希望の産物である子どもを「強く，有能で，豊かな存在」ととらえている（Fraser & Gestwicki, 2002）。レッジョでは，子どもとは「権利」を持つ存在であり，しかも優れたケアと教育を受ける権利を持つのであり，まわりの大人たちにケアをしてもらわなければならない「ニーズ」ある存在ととらえがちなアメリカと認識が異なっている（Bredekamp, 1993）。

　子どもたちを「ニーズ」ある存在ととらえているのは，アメリカの保育対象となる子どもたちの生活背景に影響されているように思われる。最近のユニセフの調査では，5人に1人のアメリカの子どもが貧困家庭に生まれ，2人に1人が親の離婚を経験し，5人に1人の母親が外国籍である（Children's Defense Fund, 2001）。そのような家庭事情を抱える子どもと，イタリアの比較的な裕福な地域に生まれたレッジョの子どもとは，発達の課題が当初より異なってくると考えられる。

　ではこのような保育観の違いは，保育実践の場面でどのように現われているのであろうか。レッジョの現場にてインターンとして働き，世界各地からのレッジョ保育見学者らの通訳を務めてきたアメリカのワーム（Wurm, 2005）は，次のように説明している。レッジョの園では，子どもたちは大人の介入なしに，バスルームへ必要なとき，いつでも行けるようになっている。本当に必要なときには，子どもの方から助けを求めてくると信頼しているからである。一方アメリカでは，全員またはペアを組んでバスルームに行く時間が設けられている場合が多い。さらにはレッジョの園の玄関には，子どもたちの作品および，現在進行中のプロジェクトの概要と写真が展示されている。アメリカでよくみられる子どもの絵や字を模倣した図案とか，子どもたちの手形をプリントした既製品の壁紙で飾られていることはまずない。

　アメリカの教師らもレッジョと同様に子どもとは有能であると述べているものの，実際には子どもの動きを制限する環境を与えていたり，教師主導でプロジェクトが進められていることが指摘されている。子ども観の違いは，保育カリキュラムの中にもみられることであり，次に紹介する。

2 カリキュラム

　レッジョ・エミリア・アプローチのカリキュラム概念は，プロジェッタツィオーネ（Progettazione）という語彙で説明されている（中坪，2001）。一言でいえば，子どもの興味・関心・要求に応じて変化していく柔軟なカリキュラムである。とはいえども，保育者がまったく無計画で子どもの本意に任せて流されていく保育とは大きく異なる。普段から綿密に幼児の活動や会話などを観察収集し，その資料や先行経験をもとに予測される活動展開の仮説を立て，進められていく。このような保育の方法は，プロジェクト活動というテーマ発展型の保育として紹介されている。これは，あるテーマに興味を持った数人の子どもたちによって展開される集団活動であり，通常，数日から数か月持続するといわれている（Hendrick, 1997）。

　パッケージ化されたカリキュラムを使用することの多いアメリカの保育者にとっては，レッジョの保育者自身が構成・創造していく保育の方法に抵抗感があることがしばしば指摘されている（Fu, 2002）。たとえば，アメリカで利用率の高いハイ・スコープやクリエイティブ・カリキュラム（Creative Curriculum）[2]などでは，保育者が使いやすいように，活動や指導計画の実践例掲載のガイドブックが販売されている。しかしレッジョ・エミリア・アプローチとは，このようにスタイルや活動内容を模倣していくことで成り立つカリキュラムのモデルではない。教えることと学ぶことについての方略である（Edwards et al., 1998）。

　さらには，アメリカでプロジェクトと称されている活動においては，たとえ子どもに興味関心のあるテーマを選択するにしても，あらかじめ保育者が活動や経験を準備して，子どもはそれに参加し，質問に答えたり情報を得るという形態をとることが多い（Hendrick, 1997）。プロジェクトに費やす時間に関しても，アメリカの場合は，1日から1週間と短期間であり，ゆっくりと子どもの学びのペースで進められていくレッジョの保育と異にしている。

　アメリカは個人主義社会であり，イタリアは共同体社会である。アメリカのプロジェクト活動は個人レベルで行なわれ，レッジョのようにグループでの対話や協働活動が重視される保育とは目的が異なっている。レッジョでは，子どもたちがその日その日に自分のやりたいことを選択していくというより，共通のテーマに基づいた活動を，それぞれのグループで展開していくことが奨励されている。一方，アメリカでは，グループの利益よりは，むしろ1人ひとりの子どもの意思を尊重する（Firlink, 1996）。

　レッジョ・エミリア・アプローチでは，子どもたちが時間をかけながらあるテーマについてお互いに意見やアイデアを述べあったり，活動をともにくり広げていくことが重視される。個人主義を重んじる風潮のアメリカの保育者と，その環境の中で育っている子どもたちにとっては，これだけの協同作業が長続きするためには，内容に対する思いいれがないと困難に思われる。アメリカは基本的には競争社会であり，保育の目的にあっても1人ひとりの子どもがいかに自己実現，自己充足できたかが重んじられている。反面，レッジョ

ョにおいては，共同体という枠をたえず意識しながらいかに1人ひとりの子どもがその可能性を発揮していくかが強調されている。どちらかというと，日本の保育者にとってよりなじみやすい観念ではないだろうか。

3 保育実践の記録（ドキュメンテーション）

　ドキュメンテーション（記録文書）は，レッジョ・エミリア・アプローチを理解するための重要なキーワードとして知られている。前述のプロジェッタツィオーネを実現していくためには，日常より子どもと活動をともにしながら，その発言・会話や活動を収集していくことが基盤となっている。その記録も，録音テープ，写真，ビデオテープ，日誌，語りなどさまざまな形態で表現され，パネルといった形で園内に展示され，周囲の目にふれることをも目的としている（中坪，2001）。ドキュメンテーションの目的をまとめると，①子どもたちの学びが次のステップへと進むために，自分たちの言ったことや学んだことの具体的で目に見える記憶を提供する，②教師たちに研究の材料や継続的な資質向上の手がかりを提供する，③親や社会に子どもたちの学校での学びの詳しい情報を提供することで，よりいっそうの理解や支援を得るのである（Edwards et al., 1998）。

　ワーム（Wurm, 2005）によれば，ドキュメンテーションは次の4つのタイプに類別される。1番目のタイプは，保育の中で日常的に起こる出来事を記録する類のもので，日々のメモや話し合い，子どもたちのユーモラスなコメントや会話，ある質問についての子どもたちの会話集などを含む。2番目のタイプは，プロジェッタツィオーネの成果をまとめたもので，ある特定のトピックについて子どもたちと教師たちによって継続されたプロジェクトをまとめたものである。3番目のタイプは，クラス内もしくは子どもたちの家庭内で起こった出来事をもとにした記録である。例としては，子どもたちのいざこざに関する考えや解決策を綴ったものや，小学校進学への準備をまとめたものなどがある。4番目のタイプは，保育者によって意図的に計画されたもっとも基礎となるプロジェクトを記録したものであり，3年間の保育の中でくり返し紹介され，再訪したものを長期的にまとめたものである。

　もともと子どもの学びや活動の観察記録を収集することは，アメリカでも同様に重要視されてきたが，パネルを用いて展示するやり方やこのような変化に富んだ記録の方法はレッジョ独特のものである（Wurm, 2005）。近年，レッジョ・エミリア・アプローチのドキュメンテーションに影響を受けて，新たな保育記録のあり方がアメリカで検討されつつある。

　その背景は，1960年代より国家的な規模でくり広げられている教育改革である。多人種・多民族国家でありしかも貧富の差の激しいアメリカ社会において，相対的な学力のレベルを向上させるという厳しい課題が課されてきている。幼児教育界においては，保育プログラムの効果や保育者がいかに教育成果をあげ，教育責任を果たしているかを証明することが求められている（Horm-Wingerd, 2002）。これまではその査定方法として，標準テ

ストがしばしば用いられてきたが，小学校低学年以下の子どもに課するのは，発達に即しておらず避けるべきであるとNAEYCでも提唱されている。そこで，標準テストのような伝統的な査定（traditional assessment）に代わる手段として，観察記録，ポート・フォリオ（子どもの作品，学びの成果を収集したフォルダー），保育者による報告書などによる確実性のある査定（authentic assessment）が提案されており，ドキュメンテーションはその代表的なものとして紹介されている。

　レッジョ・エミリア・アプローチのドキュメンテーションにヒントを得て，ヘルムら（Helm, et al., 1997; 1998）は，ドキュメンテーションのさまざまなタイプをあげ，子どもたちの学びを理解する窓口（Windows on learning）として紹介している。これは，従来の保育の記録をさらに充実させたもので，子どもの学習経験を多方面から理解することを目的とし，記録の読み手を視野に入れながら構成されたものである。その内容は，プロジェクトの語り，個人のポート・フォリオ，作品，子どもの発達の観察，子どもの自己省察の5つの群で区分されている（図2-3-1）。たとえば，子どもの作品，保育日誌や観察記録の収集などは，アメリカだけでなく日本でも頻繁に行なわれていることである。しかし子どもたちの知識や学びを，さらに一歩突っ込んで理解していくためには，能動的かつ幅広く記録を収集していくことが期待される。具体的には，子どもたちにトピックスについて知っていることを話してもらい，それをウェブという形でまとめたり，作品やプロジェクトについて説明を求め，その語りや会話を集めていく方法などがあるが，詳しくはヘルムらの著書を参考にされたい。

　ヘルムらの功績は，このようなドキュメンテーションを各州で定められている教育基準（子どもたちに身につけることが求められる知識，スキル，気質などをまとめたガイドライン）へとどのようにつなげていくかを解説した点である。具体的には，①記録の収集を日課の中に位置づける，②子どもの学習スタイルの個人差を考慮し，それぞれの優れた点がうまく表われるような記録を考える，③学習経験の成果がそのまま表現されるような記録の方法を考える（書き言葉の発達であるなら，書いたものを集める。数の概念であるならば，実物を使ってどのように問題解決をするかを観察記録する），④教育基準へ到達したかどうかだけでなく，その過程を記録するよう心がける。このことにより，教師は自分の指導のあり方をふり返り，調整・改善することが可能である（Helm & Gronlund, 2000）。子どもの学びや発達の課程をさまざまな媒介手段を通して記録したり，それらを幼稚園教育要領や保育所保育指針とどのようにつなげていくかについて，今後の日本の保育界でもぜひ検討されていくことが望まれる。

4　保育者の資質

　レッジョ・エミリア・アプローチを実践していくには，子どもの学習や思考を見きわめる鋭い観察力，その潜在力をいかにどのような形ではぐくんでいくかを模索していく研究者としての態度や感性が要求される。このような保育者に求められる資質を考慮すると，

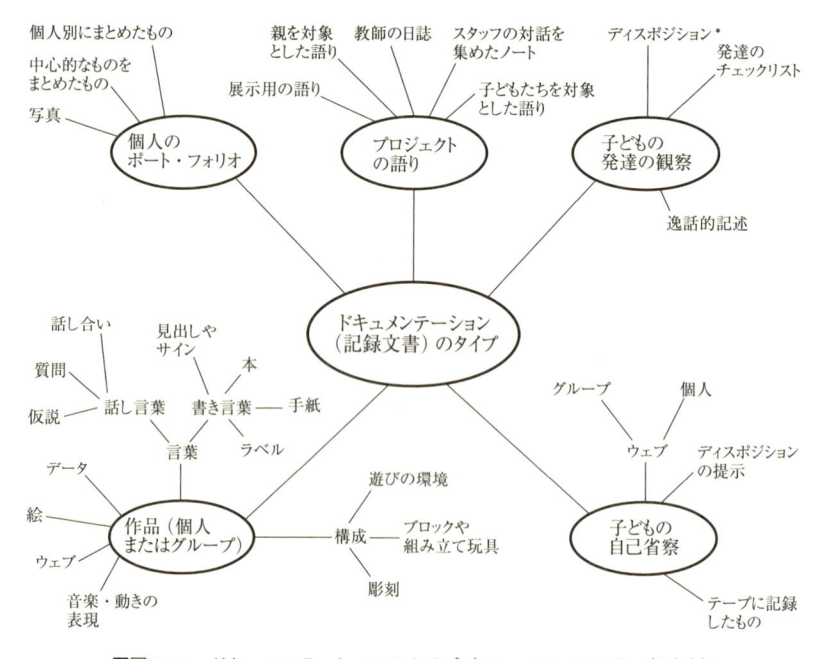

■図2-3-1 ドキュメンテーションのタイプ（Helm et al., 1997 を一部改変）

Helm, J. H., Beneke, S., & Steinheimer, K. 1997 Documenting children's learning. *Childhood Education*, **73** (4), p. 183. Reprinted by permission of Judy Harris Helm and the Association for Childhood Education International, 17904 Georgia Avenue, Suite 215, Olney, MD. Copyright@ September 19, 2005 by the Association.
ディスポジション*（disposition）とは，近年アメリカのカッツ（Katz, L.）らによって紹介されている概念である。学習に対する潜在的な性質や傾向を表わす概念であり，従来のスキルや知識を取得することのみに傾倒した教育観から脱却するための教育目的として知られている。

　レッジョ・エミリア・アプローチを実際に実践している園もしくは指導者との関わり（たとえば研修や講義の受講，ワークショップへの参加）なしには，この保育を資料や書物だけで理解し，実践するのは非常に困難であると考えられる[*3]。さらに，園で1人の保育者だけで実践できるものではなく，同僚はもちろん保護者の積極的な理解と参加がともなわないと不可能である。

　アメリカでレッジョ・エミリア・アプローチを実践するにあたって問題となるのは，保育者の質である。ある全米調査では，保育者のうち33％が学士号もしくはそれ以上の取得者，47％が準学士もしくはCDA取得者[*4]，20％が高卒またはそれ以下の教育歴を持つとされており，補助教員の場合は，順に12％，45％，43％とさらに低くなっている（Helburn, 1995）。たとえば筆者の在住する州の規定では，高卒でなくとも結核検査が陰性であれば保育者として働くことが可能である。

保育者の地位の低さは，学歴だけではなく，給与の相対的な低さからもうかがわれる。公的なプログラム（たとえば小学校に併設されたプレスクール）や大学付属園などを除き，一般的な保育者の給与はほかの職業と比べても最低ランクといわれる。労働局の調査によると，764の職種の中，保育者の賃金は下から数えて16番目であるというショッキングな報告がなされている（Morgan, 2003）。しかも，健康保険，年金，有給などの特典がつかない場合が多い。このような待遇の悪さから，年に30％の保育者が仕事を辞めるか変わるというデータが報告されている（Whitebook et al., 2001）。一方，レッジョでは保育者が3年間同じ子どもを担当することになっている（Hendrick, 1997）。

　このような厳しい保育情勢を考えると，レッジョ・エミリア・アプローチを実践していく土台がある保育プログラムはかなり特別であると示唆される。たとえば，大学の付属機関や公立のプレスクールであったり，レッジョに精通する専門家や大学教員との共同研究であるなどしか考えにくい。または保育料の高い私立の園であることも多い。これは，実際に保育に携わる時間だけでなく，計画やドキュメンテーションに要する時間や，頻繁に行なわれる親を交えての夜のミーティングなどの時間を公算すると，人件費が必然的に上昇することが理由の一部である。レッジョでは，保育者は週36時間の勤務の内，子どもと過ごす時間は30時間で，残りの時間を会議，計画および現職教育，ドキュメンテーションとその分析にあてている（Edwards et al., 1998）。

　しかし最近では，レッジョ・エミリア・アプローチを保育者養成や現場研修のカリキュラムの中で導入している例もあり，今後の研究に期待したいところである。例をあげると，レッジョ・エミリア・アプローチを念頭にアートに関する感性を養うことを目的とした美術教員と保育教員の協同での授業の取り組みがある（Danko-McGhee & Slutsky, 2003）。通常レッジョでは，アトリエリスタとよばれるアートの専門家が各スクールに配置され，材料のさまざまな使い方を紹介したり，子どもたちの創造的な活動を観察したり高めたりする役割を担っている。しかし実際，アメリカや日本ではそのような専門家を各園で雇うのは困難であり，芸術専攻の学生にボランティアで保育に参加してもらうなど工夫を講じている。そこでこの保育者養成の授業では，保育者の卵である学生たちが，幅広い材料や媒介（特に，今まであまりなじみのないようなもの，たとえばガラス板，網など）にふれ，またその使い方について知識を得ることを目的としている。その後，学生たちが小グループに分かれて，あるトピックに基づいた小プロジェクトを紹介するという保育実習を経験する。この中では，子どもたちが見学に行く前と行った後で，そのトピックについての理解と表現がどのように変化するかを観察したり，この一連の学習の過程をドキュメンテーションを通して視覚的に伝達することを経験する。

　この章では，レッジョ・エミリア・アプローチがアメリカでどのように受け入れられ，検討されているかを紹介してきた。アメリカにおけるレッジョ・エミリア・アプローチ参入の過程の中で注目したいのは，異文化の保育との接点により，自国文化の保育を吟味省察し，さらに質の高い保育へとつなげていこうとする点である。代表的な例としては，

NAEYC発行の"*Developmentally Appropriate Practice in Early Childhood Programs*"の改訂（Bredekamp & Copple, 1997）の経緯の中で，そのガイドラインを評価するときの主眼点としてレッジョは紹介されている（New, 2000）。日本でもアメリカ同様に，レッジョ・エミリア・アプローチが盛んに紹介されつつあるが，単なる外面的な保育プログラムの模倣ではなく，日本の保育の質向上への契機となることを願いたい。

■注

★1 "*Developmentally Appropriate Practice in Early Childhood Programs*"：日本語訳では『乳幼児の発達にふさわしい教育実践』として翻訳書が発行されている。またNAEYCから出版された"*Scaffolding Children's Learning: Vygotsky and Early Childhood Education*"（Berk & Winsler, 1995）はヴィゴツキー理論の保育解説書でアメリカの保育者養成のテキストなどに頻繁に用いられている。この図書の日本語訳も刊行されているので参考にされたい。

★2 ハイ・スコープやクリエイティブ・カリキュラム：ハイ・スコープおよびクリエイティブ・カリキュラムについてのそれぞれの詳しい情報は，ホームページ http://www.highscope.org/および http://www.creativecurriculum.net/を参考にされたい。

★3 レッジョ・エミリア・アプローチ：2005年には，NAYECより保育実践者のためにレッジョ・エミリア・アプローチをわかりやすく解説した入門書"*Working in the Reggio way: A beginner's guide for American teachers*"（Wurm, 2005）が発行されている。

★4 CDA取得者：Child Development Associateの略であり，トレーニングや査定を受けることによって与えられる児童発達の資格である。詳しくは，http://www.cdacouncil.org/を参考にされたい。

■引用文献

Berk, L.E., & Winsler, A. 1995 *Scaffolding children's learning: Vygotsky and early childhood education*. Washington, DC: NAEYC.

Bredekamp, S. 1993 Reflections on Reggio Emilia. *Young Children*, November, 13-17.

Bredekamp, S., & Copple, C. (Rev. ed.) 1997 *Developmentally appropriate practice in early childhood programs*. Washington, DC: NAEYC. 白川蓉子・小田 豊（監修） 2000 乳幼児の発達にふさわしい教育実践：誕生から小学校低学年にかけて：21世紀の乳幼児教育プログラムへの挑戦 東洋館出版社

Children's Defense Fund 2001 *The state of America's children yearbook 2001*. Washington, DC: Author.

Danko-McGhee, K., & Slutsky, R. 2003 Prepareing early childhood teachaers to use Art in the classroom: Inspirations from Reggio Emilia. *Art Education*, July, 12-18.

Edwards, C., Gandini, L., & Forman, G. 1998 *The hundred languages of children: The Reggio Emilia Approach - Advanced reflections. Second edition*. Greenwich, CT: Ablex Publishing. 佐藤 学・森 眞理・塚田美紀（訳） 2001 子どもたちの100の言葉―レッジョ・エミリアの幼児教育 世織書房

Firlink, R. 1996 Can we adapt the philosophies and practices of Reggio Emilia Italy, for use in American schools? *Early Childhood Education Journal*, **23**(4), 217-220.

Fraser, S., & Gestwicki, C. 2002 *Authentic childhood: Experiencing Reggio Emilia in the classroom.* Albany, NY: Delmar. p.20.

Fu, V.R. 2002 The challenge to reinvent the Reggio Emilia Approach: A pedagogy of hope and possibilities. In V.R. Fu, A.J. Stremmel, & L.T. Hill (Eds.), *Teaching and learning: Collaborative exploration of the Reggio Emilia Approach*. Upper Saddle River, NJ: Merrill Prentice Hall. Pp.23-35.

Goffin, S.G., & Wilson, C.S. 2001 *Curriculum models and early childhood education: Appraising the relationship*. (2nd ed.) Columbus, OH: Merrill Prentice Hall.

Helburn, S.W. (Ed.) 1995 *Cost, quality, and child outcomes in child care centers*. Public report. Denver: Economics Department, University of Colorado-Denver. ED 386 297.

Helm, J.H., Beneke, S., & Steinheimer, K. 1997 Documenting children's learning. *Childhood Education*, **73**(4), 181-186.

Helm, J.H., Beneke, S., & Steinheimer, K. 1998 *Windows on learning: Documenting young children's work*. New York: Teachers College Press.

Helm, J.H., & Gronlund, G. 2000 Linking standards and engaged learning in the early years. *Early Childhood Research & Practice*, **2**(1). http://ecrp.uiuc.edu/v2n1/helm.html

Hendrick, J. 1997 Reggio Emilia and American schools: Telling them apart and putting them together - Can we do it? In J. Hendrick (Ed.), *First steps toward teaching the Reggio way*. Upper Saddle River, NJ: Merrill Prentice Hall. Pp.41-54.

Horm-Wingerd, D.M. 2002 The Reggio Emilia Approach and accountability assessment in the United States. In V.R. Fu, A.J. Stremmel, & L.T. Hill (Eds.), *Teaching and learning: Collaborative exploration of the of the Reggio Emilia Approach*. Upper Saddle River, NJ: Merrill Prentice Hall. Pp.51-65.

Morgan, G.G. 2003 Staff roles, education, and compensation. In D. Cryer & R.M. Clifford (Eds.), *Early Childhood Education Care in the USA*. Baltimore, MD: Paul H. Brookes Publishing. Pp.87-106.

中坪史典　2001　Progettazioneとは何か　幼児期教育カリキュラム開発に関する基礎的研究（１）リサーチオフィス研究成果報告書　広島大学教育学部附属幼年教育研究施設

New, R. 2000 Reggio Emilia: Catalyst for change and conversation. *ERIC Digest*, December.

Spodek, B., & Saracho, O.N. 2003 "On the shoulders of Giants": Exploring the traditions of early childhood education. *Early Childhood Education Journal*, **31**(1), 3-10.

Whitebook, M., Sakai, L., Gerber, E., & Howes, C. 2001 *Then & now: Changes in child care staffing, 1994-2000*. Technical report. Center for the Child Care Workforce, Washington, DC and Institute of Industrial Relations, University of California, Berkeley.

Wurm, J.P. 2005 *Working in the Reggio way: A beginner's guide for American teachers*. Washington, DC: NAEYC.0

第4章

OMEP（世界幼児教育・保育機構）の活動からみた幼児教育の動向

第1節　OMEPについて

　OMEPとは，Organisation Mondiale pour l'Éducation Préscolaireの略称で現在は「世界幼児教育・保育機構」と日本語訳されている。この組織は「すべての国の子どもが，家庭や保育・教育機関，そして社会の中で，よりよく発達し幸せになるように，最適条件を用意すること」を第1の目的とする国際的組織である。「この目的のために，幼児教育・保育を改善するためのあらゆる努力を支援すること」「幼児教育・保育の向上に影響を与える研究を援助すること，これによって，人類の相互理解に貢献し，ひいては世界の平和に寄与すること」「幼児教育・保育を振興させること」を目的としている。

　OMEPは「国籍，人種，宗教，政治的信条を越えて協力する」ことを大切にし，1国に1つだけの組織であり，ユネスコの協力機関である。第二次世界大戦直後の1948年にイギリス，フランス，ベルギー，スウェーデン，ノルウェーの有志によって結成された。結成当初は，加盟国は11か国だったが，現在では60か国以上である。OMEPの活動のおもなものは，幼児教育・保育に関する研究の振興，幼児教育・保育に関する情報の伝播，困難な状況にある子どものためのプログラムの促進，保育者養成への協力，雑誌"International Journal of Early Childhood"の刊行（年2回），幼児教育・保育に関する会議・研修会・セミナーの開催，ユニセフ，ユネスコとの連携などがある。60年近い歴史があるが，常に「世界のすべての子どもの平和のために」活動している。現在の世界総裁はチリのセルマ・シモンシュタイン（Simonstein, S.）女史であり，アジア・太平洋地域担当副総裁，アフリカ地域担当副総裁，北アメリカ地域担当副総裁，中南米地域担当副総裁，ヨーロッパ地域担当副総裁が世界総裁を支えている。

　これらの活動を進めるために現在では3年に1度の世界大会をはじめ，毎年世界総会（2003年までは世界理事会）と国際セミナーが行なわれている。最近の世界大会は1998年にデンマークのコペンハーゲン，2001年にチリのサンチャゴ，2004年にオーストラリアの

メルボルンで開催され，2007年にはメキシコのメキシコシティーで開かれる。また規約改正で，今では毎年開催されることになった世界総会は1999年にシンガポール，2000年にブラジルのリオデジャネイロ，2001年にチリのサンチャゴ，2002年に南アフリカ共和国のダーバン，2003年にトルコのクシャダス，2004年にオーストラリアのメルボルン，2005年にキューバのハバナで開催された。2006年にはノルウェーのトロムソで開催される。OMEPという組織の活動がいかに広範囲で行なわれているのかがわかる。

　日本は1968年に正式にOMEPに加盟した。当時，日本保育学会をはじめとする保育関係7団体の代表によって，国内委員会が発足した。日本委員会の初代会長は当時日本保育学会会長の山下俊郎氏が，事務局長には日名子太郎氏が就任した。1982年に山下俊郎氏が亡くなり，その後日本保育学会会長の庄司雅子氏が日本委員会会長に就任し，事務局長は津守　真氏となった。1984年に日本委員会の組織を大きく変え，国際交流に積極的に参加する意思を持つ個人会員を加えることになり，常任委員会を新たに設置して，常任委員が事務局を補佐し，執行体制を強化した。こうして，現在では日本保育学会とは別の組織ではあるが，特別の関係のもとで活動している。

第2節　OMEP日本委員会の活動

　現在のOMEP日本委員会の個人会員数は約230名で，日本保育学会をはじめ，幼児教育・保育関係の団体会員数は15である。個人会員により，理事選挙が3年に1度行なわれ，選ばれた理事が選挙で日本委員会会長を推挙し，会長が副会長，事務局長を指名し，事務局体制を整えるという形で行なっている。歴代会長は山下俊郎，庄司雅子，友松諦道，津守　真各氏であり，1999年より大戸美也子氏，2002年より黒田　瑛氏，2005年より泉　千勢氏が務めている。

　日常的な活動は，年1回の総会，年3回の理事会，講演会，世界大会ならびに世界総会，アジア・太平洋地域会議への派遣，日本保育学会大会での企画および開催，いくつかの独自のプロジェクトの実施，定期的なドイツとの保育者の交流，年2回の「OMEPニューズ」の発行，ホームページ開設等である。これまでの最も大きな活動は1995年に横浜で開催した世界大会である。国内外から2,000人の参加があり，盛況な会であった。

第3節　最近のOMEPの活動──『OMEPジャーナル』から

　これまでもOMEPはユネスコとユニセフと強い関係を築いてきた。OMEPの会議には必ずユネスコとユニセフから代表者が参加しているし，ユネスコやユニセフの会議にはOMEP世界総裁が参加している。特に幼児・家庭教育部門では重要な役割を果たしてきた。

また，OMEPがどのようなことに関心があるのかについては，3年に1回開催されている世界大会ならびに毎年開催されている国際セミナーのテーマの動向でわかる。年2回発行されている"International Journal of Early Childhood"(『OMEPジャーナル』)からもうかがえる。

『OMEPジャーナル』の編集はたいへん長い期間，イギリスが担ってきた。高齢の担当者が亡くなり，その後を継いだアメリカの担当者がすぐに辞退したために，ある期間，『OMEPジャーナル』の刊行はなかった。そこで当時の世界会計担当者が編集をしたものが2003年版である。本来は2冊のジャーナルが刊行されるのだがこのときは1，2号合同号として刊行された。その後は編集者がスウェーデンの担当者に決定し，1年に2回の刊行がされている。2003年合同号は，論文中心のこれまでとは異なる編集がされ，2001年チリ・サンチャゴの世界大会と2002年南アフリカ共和国・ダーバンの国際セミナーでの7つの講演のための原稿を収録してある。チリ，フランス，ナイジェリア，スペイン，アメリカの5つの国からの講演者である。

1 『OMEPジャーナル』2003年版から

これは次のように構成されている。

[2003年1・2合同号　目次]
第1部
Lilian Katz「質の高い教育環境の中で学び育ち生きる子どもの権利」
Miguel Angel Zabalza「質の高い幼児教育プログラムを支える評価」
Maria Victoria Peralta「南米の幼児教育プログラムと21世紀の国際カリキュラム」
Sylvia Lavanchy「質の高い教育実践を実現するための基準」
第2部
Marie-Helene Mouneyrat「生命倫理と教育そして社会」
P.O. Ebigbo「アフリカにおける児童虐待：ナイジェリアの場合」
論評
Sharon Lynn Kagan「子どもの学校へのレディネス：評価の論点」

OMEP日本委員会の「OMEPニュース」(2001年11月発行)には，チリのサンチャゴで開催された第23回OMEP世界大会の模様が掲載されている。その中にリリアン・カッツ(Katz, L.)とシルビア・ラバンシー(Lavanchy, S.)の講演の抄録がある。この大会のテーマは「子どもたちの質の高い教育環境の中で学び育ち生きる権利」である。カッツはそのテーマに沿った講演を行なった。カッツは長い間OMEPの会員であり，OMEPの大会や国際セミナーで，しばしば講演をしている。以下に2001年，サンチャゴにおけるカッツ(アメリカ・イリノイ大学)の講演を紹介する。次に同じくラバンシー(チリ・カトリカ大

学）の講演を紹介する。この頃は幼児教育・保育の質についての論議が盛んであった。

（１）「質の高い教育環境の中で学び育ち生きる子どもの権利」（リリアン・カッツ）
　幼児教育についてこれまで35年間に40か国以上で，多くの専門家たちと話をしてきたが，今回は自分の個人的な経験から講演する。自分の経験はおもにアメリカのもので，すべてが皆の役に立つとは思えない。なぜなら，各国でさまざまな事情により違いがあるからである。ただ１ついえるのは，そういった中でも自分の経験してきたことが世界各国において多くの共通点があるということである。
　今回は以下の６点について講演する。
　① 幼児教育が子どもたちの将来にどういった影響を及ぼすか
　幼児教育は非常に大切である。幼児期に質の高い教育を受けなければ，その後取り返すことはできない。教育費を誰が負担し，何が質の高い教育であるかを決めるのはまた別の問題である。
　② 幼児期における脳の発達
　脳は生後６か月でおよそ50％発達し，５歳になるとだいたい90％発達する。この生後６か月から５歳の間，脳は環境や化学物質，病気などによるダメージを受けやすいといわれている。
　実際にどれほどのダメージが及ぼされるかははっきりとわかっていないが，いくつもの研究結果をみるとやはり６歳くらいまでに80％ぐらいは発達すると証明されている。そして６歳以降は，脳の発達スピードは下がる。脳細胞はほかの細胞とは違い，一度ダメージを受けると回復しない。
　脳はさまざまなパターンを求めている。そのパターンとは新しいチャレンジや経験，刺激（まわりの人との関係など）である。したがって１歳から６歳の間によい刺激を与えることが重要である。
　③ どの子どももオープンマインドであるということ
　子どもたちは幼稚園や小学校に入る前にすでにいろいろな刺激を受けている。そういった子どもたちの中には胎教を受けた子もいれば，まったく刺激を与えられなかった子もいる。刺激を与えられなかったため，たとえば鉛筆がうまく持てないことがあったとしても，その子がオープンマインドではないということはいえない。また，たとえばアメリカの物騒な地域で育った子どもたちは非常に多くの刺激を受けるため，幼稚園に入る頃になると，すでに多くのパターンを身につけていて，現実的ないろいろなことが理解できる。５年前にある幼稚園の先生に聞いた話だが，その先生が受け持った５歳の子どもは，物騒な地域で育ち，すでに泥棒だった。しかもスリや騙しのテクニックはプロと呼んでよいくらいだった。先生がその男の子と話してみると，彼にとって盗むという行為は，ほかの子どもたちが本を読んだりすることと同じで，チャレンジや刺激を求めて泥棒をするということであった。その子にしてみると，幼稚園で，「I like my cat.」と何度もくり返させられるなど，

あまりにチャレンジがなく，つまらないものだった。そのため，彼はものを盗むという行為にチャレンジを求めていた。

彼のような子どもは少なくない。特にいつどうなるかわからない環境に育った子どもたちは学校でものを覚えることにギブアップしてしまう。教育者として言いたいのは，ただ字が読めないとか計算ができないことで，頭が悪い子だと判断してほしくないということである。

それでは，何をどのように教えることが望ましいのかを，アカデミック教育とインテレクチュアル教育を比較しながら考察する。

［アカデミック教育の特徴］
・ものを暗記する
・答えは1つ
・スキルを身につけさせる
・考える過程より，答えが正しいことが優先される
・本人は受動的で反応しない
・短い期間しか有効でない

［インテレクチュアル教育の特徴］
・精神的，感情的なものを重視する
・プロセス（過程）を重視する
・頭を使って自分で新しいことを考える
・クリエイティブに頭を使う
・長い期間にわたり有効

アカデミック教育が不要だといっているのではなく，必要なものではあるが子どもたちの将来を考えて，彼らに合わせることが大切ではないか。最もよいのはアカデミック教育の内容をインテレクチュアル教育の方法で実践することではないか。また，インテレクチュアル教育は幼児期だけではなく大人になるまで続けられる必要がある。

最近の研究結果によると，アカデミック教育のプレッシャーに対しては女の子のほうが耐えることができるということである。その理由としては男の子の脳の発達は女の子のより遅いこと，また文化的な背景があるということである。

④　幼児期における社会性の発達

30年間にわたるデータによると子どもは6歳ぐらいから社会とのふれ合いが始まる。つまりそれまでの6年間が重要であると証明されている。子どもの将来に大きな影響を及ぼすこの期間は，脳の発達に関係なく，ポジティブ・サイクルで育った子どもは皆から好かれ，いろいろな人にふれ合うチャンスに恵まれ，学べることも多く，うまく社会に適応できる。逆にネガティブ・サイクルで育つとうまく社会適応ができない。しかしたとえ，ネガティブ・サイクルで育った子どもでも，3歳から4歳ぐらいなら数週間で直すことができる。しかし8歳から11歳の子どもでは直すことが非常に難しく，15歳以上になると直

すことはほぼ不可能になる。
  ⑤ コミュニケーション能力の発達
  コミュニケーション能力を高めるためには以下の点が大切である。
    ・先生と子どもたちが内容のある会話をすること
    ・1対1が理想だが，会話をするならできるだけ少人数が望ましい
    ・先生と子どもの会話以上に子どもどうしの会話が重要
    ・子ども間で会話することで，友だちづくりや人間関係ができる
    ・会話で最も大切なのはテーマである。楽しいテーマである必要はないが，話す人の間で内容のあるものであることが重要
    ・文化のアイデンティティを伝えることが大切。ただし，同文化間の貧富の差は，異文化間の差より大きいものであること，自分の属する文化と自分が受け継いだものは違うということに注意しなければならない
  ⑥ 教育の方法の重要性
  ネイティブ・アメリカンの教育施設を訪れたとき，先生たちが設備の不十分さや予算のなさに不満を述べていた。一方，施設が十分に整った教育施設も訪れたが，子どもたちの結果は同じものであった。どんなに教育施設が整っていたとしても，教育の方法がよくなければ結果は同じものではないだろうか。
(パワーポイントで，アカデミック教育とインテレクチュアル教育を組み合わせたよい教育実践例の紹介があった。それは教師になって2年目のヒスパニック系の女性が，郊外のキンダーガーデン（kindergarden）——日本の幼稚園とは異なる小学校準備クラス——で5歳児を担当していた。彼女は英語とスペイン語を同時に教え，6時間ある授業を時間ごとに2つの言語を分けて教え，その結果，子どもたちは両方の言語で問題なく理解することができるようになった。また，牧場見学のプログラムの前に，その見学ではどんなに楽しいことができるのかを話し，その後実体験をし，その実体験からの質問にさらに実体験を通じて答えることを行なった。)
  私たち大人は，子どもを持つ，持たないに関わりなく，将来世界を動かしていく子どもたちに何らかの形で教育のサポートをする必要があるのではないか。

(2)「質の高い教育実践を実現するための基準」(シルビア・ラバンシー)
  私がこの場にいるということはとてもうれしいことである。チリがこの会議の2度目のホスト役を務めることができたからだ。今回の会議はチリ国内委員会創設に力を尽くしたマチルデ・ウイシ（Huici, M.）女史や，15年前チリで初めて開かれた会議に尽力されたカルメン・フッチャー（Fischer, C.）女史のヴィジョンなしには開催されることは不可能だっただろう。お二人は今日ここにはいないが，その精神は大会中私たちとともにあった。この講演のテーマは以下である。
    ・なぜ質の高い教育実践を実現するための基準が必要になるのか？

・なぜ質の高い教育実践についての研究がなされなければならないのか？
・採用された教育実践が質の高いものであるかどうかをどのように知ることができるのか？
・質の高い教育とは何であるのか？ そしてどういったものであるのか？
・なぜ質の高い教育が必要であるのか？
・質の高い教育が幼児にどういった違いをもたらすのか？
・質の高い教育実践をどのように評価できるのか？

さて，質が高いということを以下のように理解するなら，最初の問題はどのように質が高いということを定義づけるかになる。クオリティという言葉を，あるものがほかのものと同じである，またはより良い，より悪いと評価するものに使うなら，この用語は規範的（normative）というよりも叙述的（descriptive）なものになる。また，クオリティをあるものの優越性，卓越性と考えるなら叙述的というよりも規範的で叙述的なものになる。教育の現場ではこの用語の定義づけはよりいっそう難しいものになる。

プラトン（Platon）が共和国をデザインしたとき，都市の重要なところや寺院の中庭に子どもたちの活動で最も重要な遊びの場所を作った。キンティリアノ（Quintiliano）は重要人物を教育するものの，質の高さを判定することに気をつけていた。彼によれば，いちばんはじめに注がれたワインの香りがそれ以降その容器に染み付くことと同じで，最初の経験が重要であると考えていた。ペスタロッチ（Pestalozzi, J.H.），フレーベル（Fröbel, F.W.A.），モンテッソーリ（Montessori, M.），ロサ・アガシ（Agassiz, L.），カロリナ・アガシ（Agassiz, C.）といった人たちもそれぞれ質の高い幼児教育の重要性を説いていた。今日，私たちはなぜ教育が質の高いものでなければいけなくなったのか自問する。それは私たちがクオリティに対しておろそかになったからだろうか？ そうであるなら何が私たちを不注意にさせたのか？

教育におけるクオリティの基準をはっきりさせることは，とても複雑な課題である。教育というものが子どもの知性やモラルを指導，発育させ完成させるものであるなら，3つのクオリティがあげられる。

・目的としてのクオリティ
・条件としてのクオリティ
・叙述（description）としてのクオリティ

以上の3点からそれぞれ，

・質というものを規定する
・質を向上させる
・教育を質の高いレベルに合わせる

といった行動を私たちは起こす。

これまでも，そして今現在も教育はさまざまな形でなされてきた。だから質の高い教育実践というものが探されているわけである。いくつもの実践提案が存在し，教育者たちは，

それぞれ必要に応じて適したものを選択することができる。しかしこの選択は、はっきりとした質の高い基準によってされなければならない。ただし、どういった基準がベーシックなもので、何が基準の源となるかを決めることは別のことになる。これまですでに書かれたもの、議論されてきたことを再検討しながら、この場において私は基準を決める源としての普遍的な原理について言及したい。

OMEPはすべての子どもたちが条件的には同じであるというヴィジョンのもとに創設された。条件的には平等であるというこのことは基準を決めるのに何が原則になっているのかということを再検討する必要性を生む。その際、最初に頭に浮かぶことは子どもの権利や子どもサミットで決定された宣言である。しかしながら今回は子ども1人ひとりが違ったものとしてこの世界に歓迎された存在という事実について考えたい。

大多数の社会やコミュニティはそれぞれ子どもたちを歓迎する儀式を持っている。そしてコミュニティの一員として安心し、愛されていると感じ、帰属意識を持ち、成長、発育、学習していく。この歓迎を基準と考えると、何が子どもたちを安心させるものであるかがわかる。そして何が安心させないかといえば、拒否されること、差別されること、脅迫されること、制限されることである。

質の高い教育を目指した実践かどうかを決めることは教育者や研究者の課題であった。教育の研究は、カッツやチャード（Chard, S.）がとても重要視した、質の高い教育実践の有効性をデータで裏付けることに気をつけてきた。教育のレベルが高い子どもたちの結果をみると、幼児期における教育実践の効果はその後何年にもわたり、その効果が続くと立証されている。たとえばハイスコープ財団の研究では効果は27年にわたり持続した。

ほかのタイプの研究は、結果からいくつもの教育実践を比較し、その後何が違う原因なのかをつきとめる目的で再検討するものである。その一例は、ナブコ（Nabuco, M.）とシルバ（Sylva, K.）による研究で、彼らはポルトガルでの幼児教育に対する3つの実践を検討し比較、分析した。

質の高い教育について、大多数の人が意見を一致させることは、教育者は責任を持ち、プロでなければいけないということ、そして適切なカリキュラムづくりができること、興味深く変化に富んだ環境を準備できる能力を持つことが必要である。教育者たちは子どもたちと以下のような相互関係をつくり出さなければならない。それは温かく、お互いに反応しあう、コミュニケーション豊かで、情報を交換しあう関係である。

教育者には、子どもたちの相互関係を刺激し促す能力が必要で、共同して学習できるよう役立つ存在でなければならない。そして人間的にプロフェッショナルとして完成していなければならない。人と人との間を安定させる形を探し出さなければならない。幼児教育における成功するプログラムとは以下のことが含まれたものである。

・1人ひとりの子どもに対する気配りのあるもの
・子どもの能力を発揮させるもの
・子どもの表現を助けるもの

・自然と接触し，自然に対する知識をふやすもの
・教育的相互作用をもたらすシチュエーションをつくり出すもの
・すでに知っていることを組み合わせ，観察，データ，資料を通して子どもの知識をふやすのに役立つもの

　以上のようなプログラムではまちがいなく1人ひとりの子どもは歓迎されていると感じる。私たちは教育の課題が質の高いものでなければならないことを知っている。そしてどういったものがクオリティが高いものであるかは子どもたちを観察すればわかる。つまり子どもたちが以下のような状態にある場合である。

・安心している。不安を感じていない。
・満足している。
・幸せを感じている。
・興味を持っている。
・学習に対するモチベーションがある。
・新しいことにチャレンジしようとしている。
・自分のまわりの世界に関心を持っている。
・新たな問題に対し，他と共同して解決しようとしている。

　最後に，この場にいる私たち1人ひとりが，それぞれのことができるというならば，今すぐ，それを始めよう。

2　『21世紀における保育——世界幼児教育・保育機構（OMEP）と国際幼児協会（ACEI）の共催による国際シンポジウムにより作成されたグローバルガイドラインおよび論文』（OMEP日本委員会2002年3月発行）の紹介

　21世紀を迎えようとする1999年7月にスイスのルッシュリコンで21世紀の乳幼児教育・保育に関する国際シンポジウムがOMEPとACEIの共催で開催された。全世界から日本をはじめ28か国，83名の幼児教育専門家が集まり，世界の就学前の子どもたちを対象とするプログラムの基本的な国際ガイドラインが構築された。それが「21世紀における保育のグローバルガイドライン」としてOMEP日本委員会が日本語に訳したものである。
　はじめに「包括的哲学，目標，及び方針」において次のように記されている。

　「どの子どもも価値ある者として捉えられ，安全で安定した環境の提供がされ，多様性を尊重する保育の場で成長する機会を享受されなくてはならない。子どもは全ての国にとって，その現在でもあり未来でもあるため，子どものニーズ，権利，および本質的な価値が承認され支援されなければならない。

　子どもが自らの内に備わっているものを最高のものとして発達できるように，誕生より継続して家庭内外で適切な養育と教育を享受する必要がある。早期における子どもの健康，

栄養，教育，および心理社会的発達に留意することは，各国およびグローバル共同体の未来における幸福のために不可欠である。

我々は今日，歴史上かつてない程，人間の発達に関する多くの知識を有している。新しい世紀は，近年の発展を統合し，未来の新たな挑戦に対応する機会を提供する。我々は，グローバル共同体の成員が以下に取り組むことを勧告する。
- 幼な子の教育と発達援助のために，これまでの取り組みの実現程度を査定すること。
- 相互に連関する柔軟な幼児教育の諸サービスの供給を促進するために，さまざまな方針を考案し，実践すること。
- 質の高いプログラムを提供するために，政府，開発機関，政府/非政府機関，民間及びボランティア団体の資源を割り当てること。
- 幼な子とその家族の利益を推進するために，国家間で相互に協働すること。

次世紀の子どもに学びと保育を提供する包括的な幼児教育サービスのネットワークを確立するために，以下の領域について検討する必要がある。
- 子どものための教育および保育の場の環境と物理的空間
- カリキュラムの内容と教授法
- 幼児教育者及び保育者
- 家族および地域とのパートナーシップ
- 特別なニーズを持つ子どものためのサービス
- 子どものためのプログラムの内容説明責任，監督，および経営

各領域において以下に特に注意を払う必要がある。
- 全ての子どもに平等な配慮があるサービス
- 最善の効果と資源の有効活用に向けて，プログラムおよびサービス間の連携を図ること
- 幼児教育者および保育者の重要性を高く評価し，勤務条件の改善や適切な報酬付与などを実現すること
- 可能な限り世代間交流を図ること
- 地域，家族，および子どものエンパワーメント（力づけ）を図ること
- 適切で継続性のある資金調達方法
- プログラムの質の評価，コスト分析，および監督

世界の子どものニーズに応える行動計画に積極的に取り組むことにより，人間1人ひとりの潜在能力の育成，国の長期的発展，およびグローバルな繁栄に大きく貢献することができる。」

続けて上であげた6つの領域について国際ガイドラインが示されている。日本語版では

全12頁にわたっている。これだけであると私たちはすぐに国際ガイドラインに沿って考え，実践していかなくてはならないと思う。しかしながら，この「21世紀における保育のグローバルガイドライン」を批判的にとらえているのが，ロンドン大学のピーター・モス（Moss, P.）である。OMEP日本委員会発行の冊子には，モスの論文も紹介されている。モスの主張は以下である。

モスは1986年から1996年の間，EC育児ネットワークのコーディネーターであった。各国約1名の専門家が参加し，構成されたネットワークであり，3つの主要な課題があった。第1に，父親ならびに職業人として育児に携わる男性であることについて，第2に，仕事と育児の両立を図れるようにする育児休暇やその他の形の休暇について，第3に，0歳から10歳の子どもの育児，教育，余暇を提供するサービスについてである。なかでも「質」に関することが優先課題となった。それは『幼な子のためのサービスにおける質』（1991年，1995年）という報告書になり，これはEU加盟国のすべての公用語に訳され，多くの人が読んだ。さらに「質の目標」について全EU加盟国からの育児ネットワーク会員により，論議されたが，これが可能だったのは長年にわたって行なわれてきたヨーロッパの対話と協働があったからなのだという。このネットワークが具体的な政治的・倫理的枠組みの中で開発したものであること，教育哲学と実践等の分野で細かい規定をしないように努めたこと，ヨーロッパにおける伝統と文脈の多様性を認識し，ほとんどの目標に解釈の余地を残すように努力したことを述べている。そして「これらの目標に到達することが，質の追求の目的ではないでしょう。質の追求とは，定期的な省察と検討をともなった，流動的で継続的なプロセスなのである」と報告書を結んだことをあげ，国際ガイドラインという考えを問題とする理由を5点あげた。それは倫理的・政治的側面，文脈の重要性，意見の不一致と相違の価値，権力とその影響，世界を理解する哲学的視点である。さらに議論したいことを4点あげている。

・発見され，定義され，実現されることを待っているような本質的な存在や状態である「子ども」や「幼児期」といったものはない。むしろ，多くの子どもや多くの幼児期が存在するのであって，それぞれは，私たちの「幼児期，子どもとは何か，どうあるべきかについての理解」により構成されるものである。
・幼児教育機関の目的とプロジェクトは，自明ではなく，数多く種々にありうるものである。
・私たちは，さまざまな方法で学びや知識を理解できる。
・今この場と，将来の両方において，私たちの子どもに望むことは何か，よい幼児期とは何か，というより，広範囲の「よい人生」問題とでもよぶべきものについて論じることなくして，幼児教育機関を論じることはできない。

これらの問題は，客観的で科学的と思われる方法を適用することで明らかにすることはできず，本質的に哲学的，道徳的であり，価値観が関わり，政治的なのだという。

モスは「21世紀における保育のグローバルガイドライン」をそのまま受け入れるのでは

なく，これを機会にその主張を議論することは重要であるとしながらも，このような主張については「疑問である」と述べている。

　OMEPとACEIの共催によるグローバルガイドラインが無意味であることではない。グローバルガイドラインを読んだ私たちがそれをどのように生かすのかが問われているのである。

第4節　国際研究（0歳から3歳の遊びと学び）について

　これまでOMEPは3年に1度の世界大会の際に世界総会を開催し，向こう3年間の世界共通の課題（レゾルーション）を決定し，実行してきた。なかでも日本はここで決定した課題を国内委員会のプロジェクトとして実行してきた。それが「平和の文化と非暴力プロジェクト」であり，2004年のメルボルン大会で発表し，現在は報告書を作成中である。世界OMEPの規約改正が2004年にあり，3年に1度の世界総会が毎年行なわれることになった。メルボルンの世界総会において，2004年から2005年の世界共通の課題を「0歳から3歳」に満場一致で決定された。これを受けて同大会の分科会でスウェーデンの委員長であるイングリッド・プラムリング（Pramling, I.）女史の提案で，世界の0歳から3歳の子どもの現状を把握するために「0歳から3歳の遊びと学び」をテーマに国際共同の研究が始まった。調査参加国は，オーストラリア，スウェーデン，チリ，ノルウェー，ニュージーランド，アメリカ，ペルー，そして日本である。日本委員会では6名の会員を中心に団体会員である全国私立保育連盟の協力を得て，保育者と保護者へのインタビュー調査を行ない，その結果を2005年7月にキューバでの国際セミナーで発表した。まだ中間報告であり，調査参加国のすべての調査が終了したときにはその成果がペーパーとして発表される。この調査は「0歳から3歳」という世界共通の課題の中の1つの活動の例である。

　このほかにも各国で「0歳から3歳」を課題として，実際に生きている子どもの最善の利益を追求していくための活動をしていく必要がある。日本委員会でも現在検討中である。OMEPが「子ども」として位置づけているのは，0歳から8歳であるのだが，今はその中でも0歳から3歳に焦点を当てようということである。

　OMEPは，いわゆる研究者だけの集まりではない。研究者が研究したその成果を実際の子どもに役立つように行動する組織である。インターネットで情報を得ることはできる。得た情報からどのように行動するのかが求められている。実際に大会やセミナーで人々と出会い，直接話し合うことも行動になる。

■ 引用文献

OMEP日本委員会（編）　　2001　OMEPニューズ　No.2
OMEP日本委員会（編）　　2002　21世紀における保育―世界幼児教育・保育機構（OMEP）と国

際幼児協会（ACEI）の共催による国際シンポジウムにより作成されたグローバルガイドラインおよび論文　OMEP日本委員会

Organisation Mondiale pour l'Éducation Préscolaire(OMEP)　2003　*International Journal of Early Childhood*, **35**(1&2).

第5章

プロジェクト・アプローチとは何か

第1節　背景と目的

　プロジェクト・アプローチの始まりは，1950年代年のニューヨーク市にある3歳から8歳の子どもを対象にした私立学校の保育実践であるといわれている（Spodek & Saracho, 2003）。これは"*The project method.*"（プロジェクトの方法）の著者であるキルパトリック（Kilpatrick, 1918）が，この学校の顧問であったことに起因している。その後，1960年，1970年代の進歩主義教育，とりわけイギリスの幼児学校のカリキュラムの中核として，プロジェクトは注目されてきた。

　近年では，イタリアのレッジョ・エミリアにおける子どもたちの作品や保育実践のようすが紹介されるにつれ，その特徴と称されるプロジェクトに関心が集まってきている。1989年には，アメリカのリリアン・カッツ（Katz, L.）とイギリスのシルビア・チャード（Chard, S.）により，プロジェクト・アプローチについての本が出版され[1]，その後アメリカのジュディ・ヘルム（Helm, J.）なども加わって，その方法論についてさらに整理，具体化されつつある（Helm & Beneke, 2003；Helm & Katz, 2001）。

　プロジェクト・アプローチの目的とは，子どもたちが興味を持つトピックについてより深く探求することである。あるトピックについてもっと知りたいこと，疑問に思うことへの解決に向けて，子どもたちは自分たちの知識やスキルを用いながら幅広い活動を通して探っていく。プロジェクト・アプローチは，個人，小グループ，クラス全体などさまざまな形態で行なわれる。期間は，1日や1週間単位で終わってしまうときもあれば，数週間継続する場合もある。しかし一般的にプロジェクト・アプローチは，長期間にわたって行なわれる場合が多い。

　プロジェクトと類似した保育用語として，テーマ活動，単元活動がある。プロジェクト・アプローチは，従来よく保育現場で見られたテーマ活動や単元活動と比較すると，より子どもが主体となり，自らが活動を進めていくことを特色としている。テーマ活動とは，

どちらかというと幅広い概念やトピックを扱い，教師はテーマに関連した本や写真，教材などを集め，子どもたちが新しいことに気づくように導く。また，保育の領域ごとのテーマに関連する保育内容をあらかじめ計画する。単元活動とは，さらに教師主導型であり，教師が子どもたちに必要と思われる知識にちなんだトピックを選定し，それに基づいた概念や知識が身につくような活動をあらかじめ計画する。このようにプロジェクト・アプローチは，テーマ活動，単元活動と一線を置いているが，実際の保育の中では，混同して用語が用いられる場合もある。

第2節　トピックの選定

1　子どもの興味，先行経験，能力，理解力，心情，性質を考慮する

　子どもの興味からスタートすることが基本である。日常より子どもの遊びや関わりのようすをよく観察し，また会話に意識的に耳を傾けたり，積極的に子どもに質問などして，どういうことに興味を持っているか情報収集する。活動が子どもの興味から始まったものでなければ，長続きすることのない不自然なものとなり，子どもの発達や学習にまったく意味を持たないものに終わる可能性もある。たとえばある園では，子どもたちが他県で起きた台風被害のニュースを聞き，なかには自分の家が壊れたらと心配しだす子どもも出てくる。そのような会話を耳にはさんだ保育者は，思いきって台風について説明した本をクラスで紹介する。本の情報に刺激された子どもたちの中からどんどん質問が出てきたことからプロジェクトの始まりとなる。

　このほか先行経験，能力，理解力，心情，性質などを総合的に見定めたうえで決定する。プロジェクト・アプローチとは，子どもたち自ら，自分たちの興味や疑問を探求していけるような文脈や環境を設定していくことに中心を置いている。そうするとトピックがたとえ子どもの興味に応じてはいても，発達のレベルに即したものでなければ子どもの有能感は高まらないであろうし，保育者が結果的に活動を引っ張っていくことにもなりかねない。この点，旧ソビエトの心理学者ヴィゴツキー（Vygotsky, L.S.）の発達の最近接領域の理論に基づき，子どもたちが今どの程度自力でできるのか，保育者の教育的なはたらきかけによってどの程度のことが可能なのかを見きわめる必要がある。またクラスの子どもたちの性質や心情なども考慮しつつ，トピックは選定されるべきである。

2　クラス全体の子どもの興味にかなうトピックにこだわらない

　必ずしもクラス全体の子どもの興味にかなうトピックにこだわる必要はない。皆の思いにかなうものを望みすぎると，焦点の定まらない一般的なトピックに終わってしまうことも考えられる。数人の子どもたちが，今こだわりをもっているトピックから始まる場合，その子どもたちの興味の強さに活動は引っ張られ，より深まったものに展開していくとい

う考え方もある。
　例として，ある附属園の3歳〜5歳児異年齢混合クラスの事例を紹介する。夏休み明けの最初の週，子どもたちの夏休みの楽しかった話にヒントを得た実習生たちは，キャンプをトピックに活動を広げることに決める。クラスの半数以上の子どもがキャンプ未経験者であったが，2，3名の経験者の子どもたちのイメージに合わせながら，環境を設定していく。実習生は保護者にもよびかけ，キャンプ用具（テント，寝袋，懐中電灯）などを貸してもらい，保育室内にテントを設営する。小枝を拾ってきてキャンプファイヤーの雰囲気を醸し出したり，ビニールシートを湖に見立て，ボートを箱積み木で作ったり，釣道具を小枝で作ったりして魚つりごっこをする。テントに入って寝袋にもぐりこんで，懐中電灯を照らすという活動はキャンプ未経験の子どもたちにたいへん人気があり，何日も活動が展開していく。実習生は，キャンプ場に出没する動物について絵本やぬいぐるみを使って紹介したり，キャンプ場の地図を子どもと作ったりなど，多方面にイメージが膨らんでいく。これはどちらかというと，プロジェクト・アプローチというより，教師主導のテーマ活動に類別されると思われるが，数名の子どもたちの興味がクラス全体の子どもたちへと伝導していった例である。

3　子どもたちとの話し合いでトピックを決定する

　子どもたちにプロジェクト・アプローチの先行経験がある場合，どんなプロジェクトに取り組んでみたいかという話し合いの機会を設ける。ある園では，「恐竜」「ピザ」「トラック」「ダンボール」などの幅広い意見が出てくる。教師は子どもたちの話し合いの経過を見ながら，最終的に2つのトピックに絞る。次の日，子どもたちは2色の付箋紙をわたされ，最終的に絞られた2つのトピックの中から，自分のしたいプロジェクトのトピックの付箋紙（たとえば，ピザは赤，トラックは青）を1人ひとりが前に出て黒板に貼り，棒グラフを作成する。子どもたちはそれを見て，どの意見が最も人気があるか視覚的に理解し，プロジェクト・アプローチの始まりとなる（Worsley et al., 2003）。

4　トピックを祝日や行事と結びつけない

　祝日や行事をプロジェクト・アプローチに結びつけると，一般的で平凡なものに終わってしまう可能性がある。たとえば，バレンタインデーの時期に，皆でプレゼントを作り，交換をするなどは，子どもの日常生活には密接したものではあっても，商業化されたイメージに基づいた活動であり，子どもの知的好奇心は育たない。

5　保育者の興味や関心からトピックが生まれる

　子どもの興味だけでなく，保育者の興味や関心からトピックが生まれる可能性もある。保育者のそのトピックへの関心の高さ，心情などは，子どもたちにも伝達されていくものであり，文化の伝承ともなりえる。たとえばある園の男性保育者は，旅行と写真撮影が趣

味で，休みごとにいろいろな地域に出かけてはその写真を保育室に飾り，子どもたちにも紹介することが多い。あるとき，ヨーロッパ旅行で数多くの「城」の写真を撮って帰り，保育室の一角に展示する。子どもたちが，アニメなどでプリンセスやお城に興味を持っていたこととも重なり，「城」をトピックにした活動を実験的に取り入れてみる。

第3節　プロジェクト・アプローチの実際

1　計画

（1）目的を明確にする

　プロジェクト・アプローチに取りかかるうえで，まず目的を明確にさせる。というのは，子どもに興味や関心のあるプロジェクトではあっても，どのように展開していける可能性があるのかを吟味したうえでなければ，教育的効果は計り知れない。また保育の目的が定まっていなければ，保育を評価することも難しく，次の保育への積み重ねに結びつかない。「子どもたちがそれなりに楽しんでいたようだった」では，親や保育者仲間に自分の保育の成果を伝えることも困難であるし，何よりも子どもの成長の糧につながらない。

（2）プロジェクトの可能性を模索する

　プロジェクト・アプローチを具体的に計画する。次のような観点が計画の主点に置かれるべきである。

①どのような保育の領域，発達の分野にこの活動は連関しているか。
②どのような教材や材料が活動を促進させるために必要か。
③どのようなグループの規模がそれぞれの活動に最もふさわしいか。
④どのような場所で経験させるのが最も望ましいか（園内，園外保育）。
⑤どのような人的環境（専門家）が可能であるか。
⑥教師はどの程度，どのように活動に関与するのが望ましいか。

　これらのことは，それぞれの園の事情や環境，子どもたちの生活経験によって大きく異なってくる。また3点目については，これまでの指導計画の中で意外と見過ごされてきた観点である。子どもの興味に流されるまま，クラス全員の子どもがいっせいに同じ時間帯に同じ経験をすることが，必ずしも望ましいとは限らない。たとえば園庭へつららを観察に出かける場合，もし複数担任制であれば，1人の保育者が3，4名の子どもたちをかわるがわる園庭に連れて行き，いろいろなつららのできる場所を探検したり，それらを比べてみたりなどし，結果的にそれぞれの子どもたちの意見や感動により深くふれることができる。全員の子どもをいっせいに連れて行く場合，子どもたちが危険のないよう管理することばかりに注意がそれてしまう恐れもある。子どもたちが意見を交換し深めあうことを特色とするプロジェクト・アプローチでは，通常，小グループ単位での活動が中心となる

べきである。5点目については，プロジェクト・アプローチの特徴でもあり，トピックに詳しい専門家と子どもたちが交流できるような機会をつくるべきである。

(3) トピックに関する子どもたちの知識や経験に精通する
　クラス全体で話し合う機会を設け，そのトピックについて知っていること，経験したことなどを発言してもらう。話し合いだけでなく，トピックに関して知っていることを絵や文に表わしてもらったものを分析することも有効である。

(4) 質問を吟味する
　プロジェクトを実施するに際して，保育者がどのような質問を子どもに投げかけるかという点が大切である。子どもたちの考えを深めたり，疑問を沸き起こさせたり，発見をもたらすような質問となるべきである。
　・今学んでいることを子どもたちの先行経験と連関させるような質問をする。
　・子どもたちが関係性に気づくような質問をする。
　・子どもたちが確信していることを考え直してもらったり，理解していることを試すために，さらに明確にさせるような質問（どうして？　どういうふうに？　もしこうだったら？）をする。
　・相反したり，代わりとなるような考えに気づくような質問をする。
　・答えが帰ってくるのを急がさずに待つ（自分の考えをまとめるには時間が必要である）。

(5) ウェブを作成する
　ウェブとは，トピックに関連したアイデアを視覚的に表現したものである。プロジェクト・アプローチの中では，子どもたちの質問，アイデア，経験，知りたいことなどをブレイン・ストーミング的に書き出したものが，ウェブの実例として紹介されている。プロジェクトの広がりや深まりをあらかじめ予測するには，この作業が非常に重要となってくる。またプロジェクト終了後に，開始当初と比べて子どもたちの知識がどのように増大変化したかを評価する材料としても用いられる。
　最初に紹介する例は，今から10年以上前に行なわれたミズーリ大学コロンビア校の附属園のバーバラ・ハメリ氏（Hammerli, B.）担任の2歳児クラスでのプロジェクト・アプローチの実践例である。大学で頻繁に工事が行なわれているようすに興味を持った子どもたちの姿にヒントを得た保育者らは，子どもたちの既存の知識や経験を膨らませていくためのウェブを構成し，図2-5-1のように家の模型図的に表わしていった。家が土台から仕上がっていくように，このウェブも下から上へと活動が展開していくように構成されている。このプロジェクト・アプローチは1学期間継続し，おもな活動内容は，①建築現場を観察する，②家の建築をさまざまな材料で再現する，③建築ごっこをする，④家族構成，部屋，家のタイプについて話し合う，⑤保育室内にいろいろな部屋（バスルーム，寝室，台所，

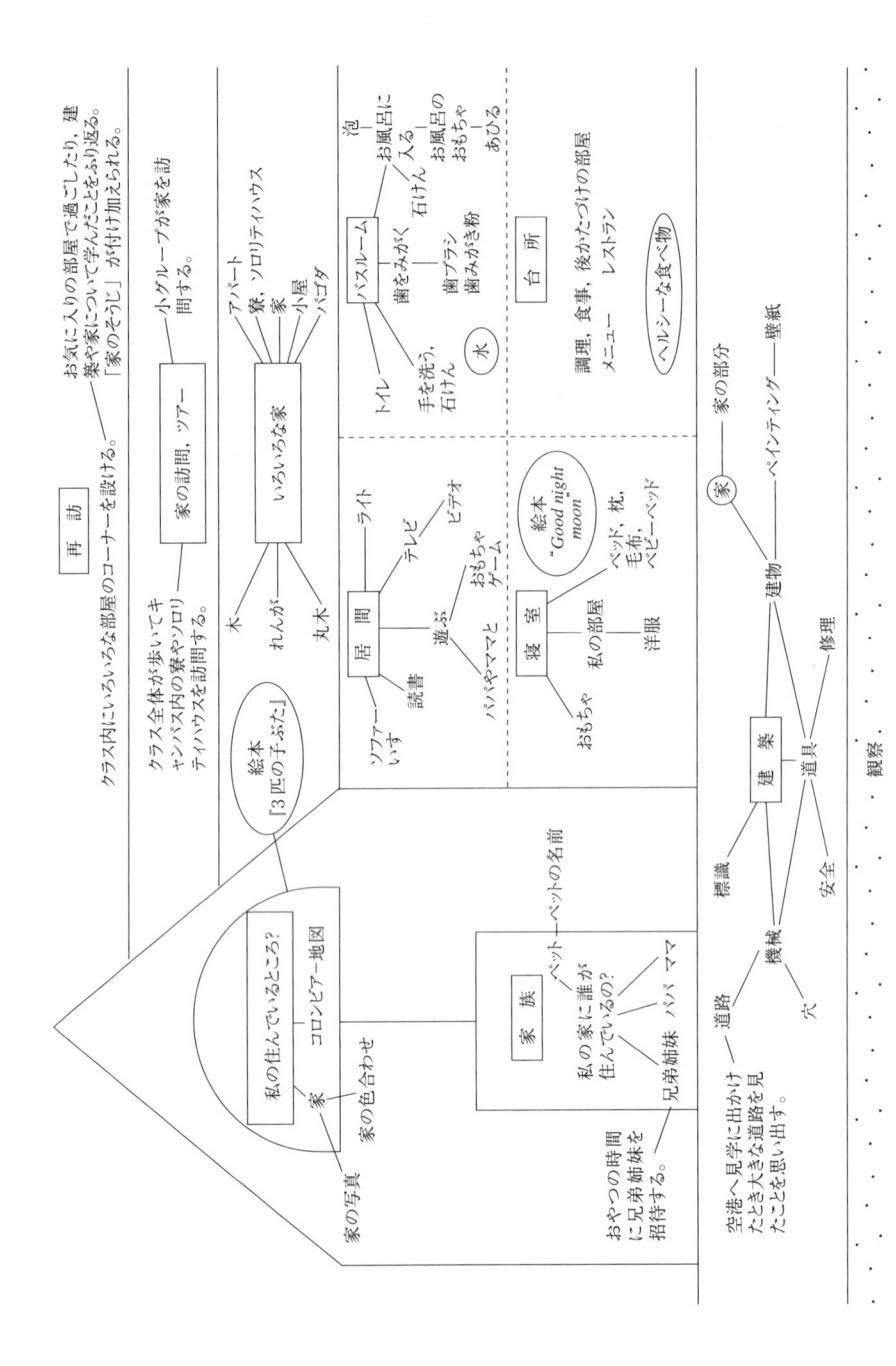

■図2-5-1 家をトピックにしたウェブの実例（対象児：2歳児）（バーバラ・ハメリ氏より許可を得て翻訳、掲載）

居間）のコーナーを設ける，⑥クラスの友だちの家や実習生の寮を訪問する，であった。
　次に紹介する例は，どちらかというとテーマ活動（テーマ：水）の範疇に含まれると思われるが，保育者がいかにウェブを使って，子どもたちの活動や経験内容を発達分野の視点より検討・整理していくかという点を紹介したい（図2-5-2）。これは保育者養成のテキ

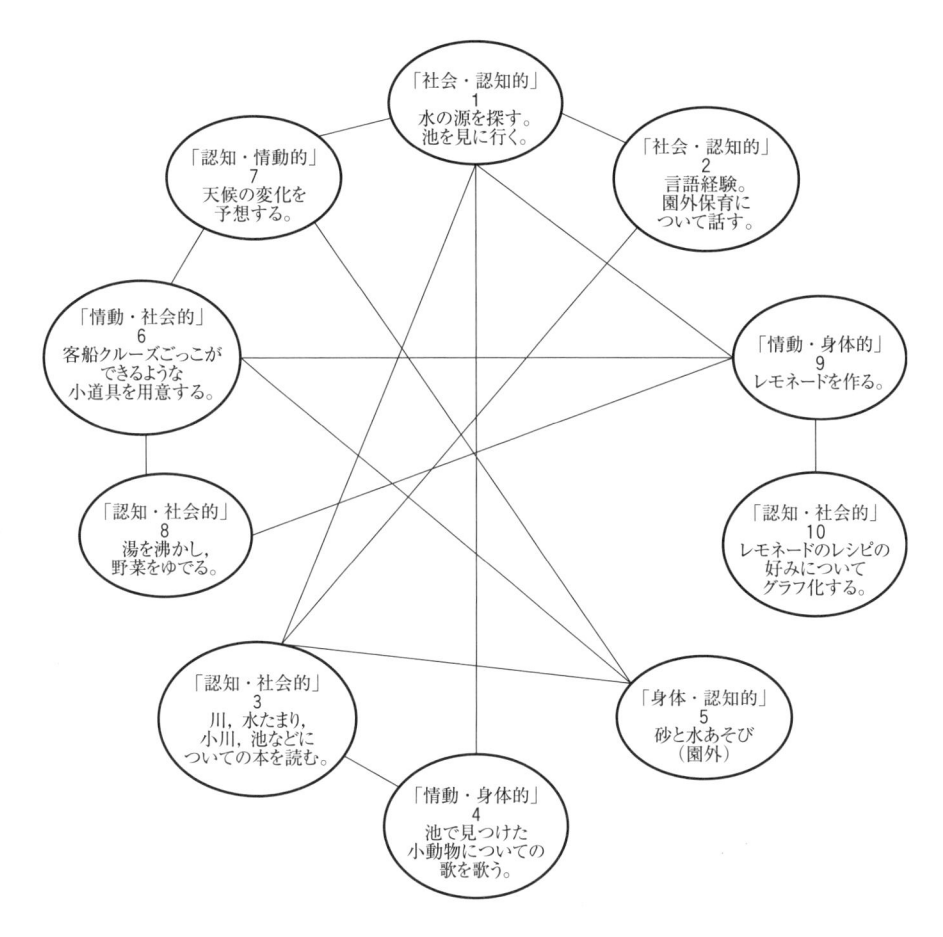

```
                    「社会・認知的」
                          1
                     水の源を探す。
                     池を見に行く。
      「認知・情動的」                    「社会・認知的」
            7                                  2
       天候の変化を                         言語経験。
        予想する。                          園外保育に
                                            ついて話す。

   「情動・社会的」
         6                                「情動・身体的」
    客船クルーズごっこが                         9
       できるような                       レモネードを作る。
      小道具を用意する。

    「認知・社会的」                         「認知・社会的」
           8                                   10
      湯を沸かし，                        レモネードのレシピの
      野菜をゆでる。                       好みについて
                                          グラフ化する。

    「認知・社会的」
          3                              「身体・認知的」
       川，水たまり，                            5
       小川，池などに                      砂と水あそび
       ついての本を読む。                      （園外）
                       「情動・身体的」
                             4
                        池で見つけた
                       小動物についての
                          歌を歌う。
```

■図2-5-2　発達の分野と経験の系列を統合したウェブ（対象児：7歳児）（Vartuli, 1992）

Vartuli, S. 1992 How do I integrate the curriculum using the conceptual frameworks of themes and web? In *Project construct: A curriculum guide understanding the possibilities.* Missouri Department of Elementary and Secondary Education. p. 81. Reprinted by permission of Sue Vartuli.

註：番号は，一連の経験の順序を示す。線は，連関する経験及び活動を示す。

ストに掲載されているウェブ作成の実例である。このようなウェブを作成することにより，1つのテーマがどのような具体的な活動へと展開していけるのか，各活動がどのように連関しているのか，各活動がどのような発達の分野と結びついているのか，どのような順序で活動が展開されることが子どもの理解を助けるのかなどを考察する手がかりとなる。

このように，ウェブは，カリキュラムを整理していくうえでたいへん有効であり，保育者にとっては自分の考えを意味立て，組織立てていくうえに欠かせない道具である。また，遊びを分析的にみることにも役立つ。ウェブは新しい考えや活動が生まれるごとに，変化し拡張していくものであり，子どもと教師の学びの過程を視覚的に表現する手段として今後活用が期待される。

(6) トピックに関連した活動を導入してみる

ウェブを作成後，子どもたちにトピックに関連した活動を実験的に紹介してみる。たとえば，前例のピザをトピックとしたプロジェクト型保育では，ある保育者がピザ屋でパートで働いていることも幸いして，ピザの焼き型，シェフの帽子，ピザを作る道具などをクラスに持参し，実際に子どもたちの前で作り方を実演する。そこで紹介された小道具は，しばらくの間，ごっこ遊びのコーナーで自由に使えるようにしておく。それ以外にも，保育者はピザ作りや配達などに関連した本や雑誌，広告紙などを用意したり，チーズを溶かす実験をしてみたりなどする。このようなプロジェクトの準備段階における活動は，子どもたちの関心を高め，共通の基盤の形成につながる。もし子どもたちの興味が高まらなかったり，実際に実行していくのに無理があることなどが確認された場合は，トピックの再考が必要となる。

2　調査
(1) 子どもたちの問題意識を高める

子どもたちのトピックに関する問題意識を中心に，プロジェクト・アプローチを進める。子どもたちの知識や疑問を高めるだけでなく，たとえばまちがって理解していることや思い込みの知識などにゆさぶりをかけることも，最適な学びの機会となりうる。

(2) 実地見学や専門家を依頼する

プロジェクト・アプローチの特色は，実際園外に出かけて子どもたち自らが実体験したり，専門家に来園してもらい情報を集めることである。家庭や地域社会の人力を借りながら，そのトピックに精通する人たちの協力を得ることが大切である。たとえば，「旅行」をテーマにしたプロジェクト・アプローチを行なう場合，旅行業者やレンタカー会社に勤める保護者にゲストスピーカーとして来てもらったり，また店を訪れさせてもらったりなどし，実際に「本物」にふれることにより，子どもたちの知的好奇心がますます高まることがねらいである。

（3）実地見学の下準備をする

　見学に出かける場合，何を調査したいのかを子どもたちの間で明確にさせることが大切である。前もって知りたいこと，質問したいことを紙に書いてまとめておいたり，絵に表わしたりなどして問題意識を持つことがプロジェクトの質を高めることにつながる。子どもたちは訪問の際，ノートや紙などを持参して，スケッチしたり，メモをとったり，パンフレットをもらったりしながら情報を集めていく。特に実物をスケッチする経験は，対象物を注意深く詳細にわたって観察することでもあり，それによって得る知識は多大である。

（4）実地見学で学んだことを表現する

　実地見学を終えてクラスにもどったあとは，経験したこと，理解したことなどを思い出し，いろいろな媒体，教材を通して表現していく。たとえば，ある子どもは，ごっこ遊びを通して旅行業者と顧客のやりとりを再現することによって学んだことを確かめていく。別の子どもは，地図を作成して旅行プランを自分なりに立てることにより，獲得した情報を自分なりに整理していく。大切なのは，子どもたちの学びをより具体的に表現することができるような，幅広い媒介（教材，材料，環境設定，カリキュラム）を用意しておくことである。トピックに関する子どもたちの学びがいろいろな形で表現できるような各種のセンター（遊びのコーナー）を設置することが重要である。

（5）参考資料を用意する

　保育者がクラスに参考図書や写真，資料などを提示しておくことにより，子どもたちは自分たちの学んだことを確かめたり，さらに洗練した方法で表現する可能性を模索することにもなり得る。上記の例では，地球儀，国内外の地図，鉄道や航空会社のパンフレットをクラスに用意しておくことによって，どの場所に行くにはどの交通方法が最適かを考えるなど，知識が増すにつれ，自作の旅行プランもより巧妙なものへと仕上がっていく。

（6）地域社会の情報に精通する

　プロジェクト・アプローチは，必ずしも見学に出かけたり，専門家をクラスに招待することばかりではない。しかし既存の保育室内の教材もしくは園の教材のみに頼りすぎると，活動や知識の幅が限定されてしまうことを念じておかなければならない。普段より，保育者自身が地域社会に目を向け，その教育力に精通しておくことによって，いざプロジェクトが始まったときに，幅広い教材や学びの場所を提供できるといえよう。

3　評価

（1）プロジェクトを展示する

　子どもたちの興味が消失していく前に，保育者はプロジェクトを通して学んだこと，探求したことをまわりの人たちにも伝えていけるような活動やイベントを計画する。たとえ

効果の小さい　　　　　　　　　　　　効果の大きい

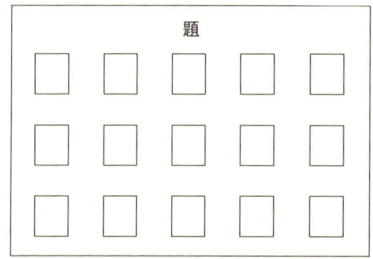

効果の小さい：1つの展示に対して写真が多すぎ。それぞれの子どもの同じような描画または作品が展示されている。子どもたちの作品についての説明がない。

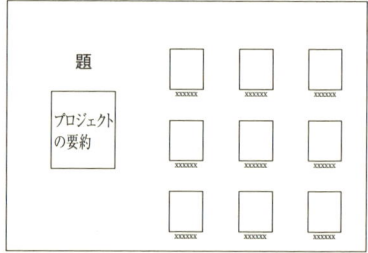

効果の大きい：オブジェクトの数を限定している。プロジェクトの要約が学習経験の全体像を表わしている。それぞれの写真の語りが学習経験の重要性を説明している。

効果の小さい：掲示板は子どもたちというより、先生の創造性を示している。明るい色や商業化した絵は子どもたちがやり遂げたことからの注意をそらしてしまいがち。子どもたちがこの学びによって得た知識、スキル、ディスポジションについての説明がない。

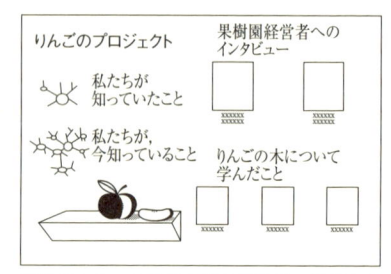

効果の大きい：記録文書の展示は、子どもたちがしたこと、学んだことを示す。時間1と時間2の描画やウェブは、知識やスキルの成長を示している。厳選した作品がその重要性の説明とともに展示されている。

展示の質の評価

- □ 要約や語りを入れることで、見る人にその活動の大切さを伝えている。
- □ 子どもたちの作品が尊敬を持って取り扱われている。
- □ カリキュラムの目的、目標がはっきりしている。
- □ スペルのまちがいがない。
- □ 子どもたちと大人の名前が正しく載せられている。
- □ 見る人の目の高さに展示されている。
- □ トピックスにふさわしい色や背景を選んでいる。

このほか、展示の原則については、
"Windows on Learning" の122-123ページを参照に。

記録文書の展示をデザインする時には、美的感覚に訴えることが大切である。

("Windows on Learning" の122ページより引用)

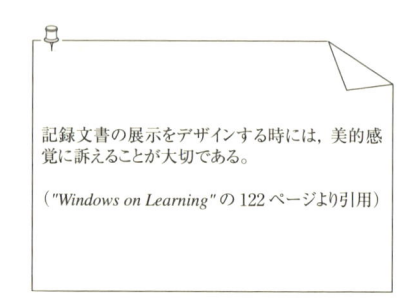

■図2-5-3　記録文書を最も効果的に展示する方法（ジュディ・ヘルム氏より許可を得て翻訳、掲載）

ば在園児や教職員，保護者や来客の人たちの目につきやすい玄関，廊下などに，子どもたちの活動の過程を展示することが第1に考えられるであろう。効果的な記録展示の方法については，たとえば前述のジュディ・ヘルムらによって具体的に紹介されている。図2-5-3は，効果の大小を対比させながら，これまで保育現場で頻繁に見受けられてきた子どもの作品の展示の仕方の問題点を指摘している。そのうえで，子どもたちの学びの過程と成果を効果的に伝達していくための方策を具体的に示している。図2-5-4は，プロジェクト展示

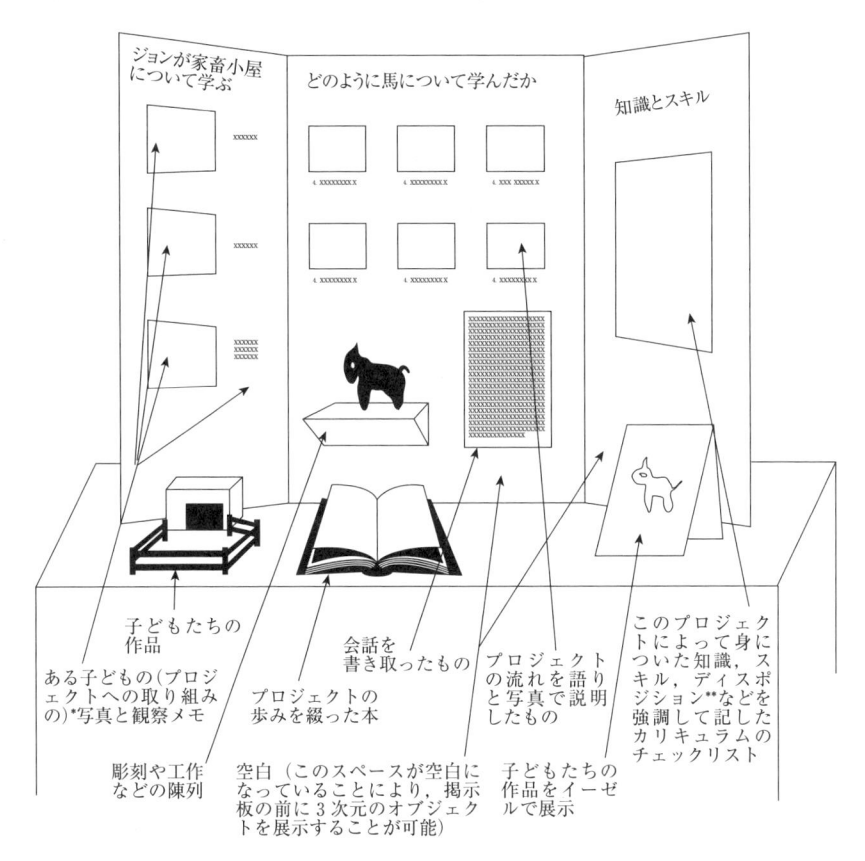

■図2-5-4　移動できる掲示板を用いた記録文書のディスプレイの仕方
（ジュディ・ヘルム氏より許可を得て翻訳，掲載）

このテーブルの上に展示した3つ折の掲示板は，プロジェクトの語りの写真，ある子どものプロジェクトへの取り組みの観察，ある問題解決の流れについて示している。
＊　括弧内は筆者による補足。
＊＊　ディスポジションについては，第2部第3章「アメリカにおけるレッジョ・エミリアの保育の広がり」を参照に。

でよく使用されるボードを使った展示の仕方である。3次元の空間をつくることによって，いかに効果的，多角的にプロジェクトの成果を伝えるかに焦点が置かれている。

（2）プロジェクトを紹介するイベントを行なう

展示以外には，保護者や他のクラスの子どもたちなどを招待して，子どもたちの作品や会話，学びのこれまでの過程を展示したり発表したりすることがあげられる。発表の方法としては，演劇風に紹介したり，自作の説明や物語を読み上げたり，音楽やダンスで表現してみせたりなどが考えられる。あくまでも観客に見せるため（パフォーマンス）ではなく，伝えるため（コミュニケーション）の手段であることを念じておかなければならない。他の人たちに何をどのように伝えるかを吟味することは，子どもたちにとって自分の考えを整理し，ふり返るといった貴重な自己評価の経験につながる。また，自分たちが時間をかけて学んできたことを見てもらい聞いてもらうことは，有能感を高めることにもなる。保育者は，この一連の評価活動の中で，子どもたちの中で何が育ったのか，目的は達成できたかをふり返る。

（3）プロジェクトを終了する

この段階になると，トピックに関する興味が薄れつつある子どもも出てくる。その場合は，子どもたちと相談しながら，プロジェクトを終えるかどうか決断する。しかし，プロジェクト活動を通して芽生えたトピックに関する興味や疑問などは，次のトピックの興味へとつながることも考えられる。たとえば第4節で紹介されている「チョウチョ」のプロジェクトの事例では，他の昆虫（テントウムシ，バッタ）の関心へと継続していった子どももいた。

第4節　プロジェクト・アプローチのウェブサイトについて

1　プロジェクト・アプローチのウェブサイト

シルビア・チャード氏によって作成管理されているこのウェブサイト（http://www.project-approach.com/）は，世界のさまざまな国の子どもの保育教育に携わる人たちが，プロジェクト・アプローチを実践するためのリソースを提供していくことを目的としている。プロジェクト・アプローチについての中心的な概念や実際の指導方法について，このサイトでは要約しわかりやすいように紹介されている。たとえば，プロジェクト・アプローチで頻繁に出てくる用語も整理されて掲載されている（例：ドキュメンテーション，実地見学，ウェブ）。またプロジェクト・アプローチについてさらに深く学びたい人のためには，オンラインによる講座として受講できるようになっている。（これは，カナダのアルバータ大学の初等教育学部の講座「幼児初等教育におけるプロジェクト・ア

プローチ」（2単位）であり，担当者はシルビア・チャード氏）。さらには，プロジェクト・アプローチ関連のいろいろなサイトを紹介したり，リストサーブとして話し合いに参加できるように構成されている。

　シルビア・チャード氏はもともとイギリスで生まれ，教育を受け，長く幼年保育の実践に携わったあと，シェルテンハム・カレッジで14年間幼児教育の教鞭をとる。その間イリノイ大学で1971年に学士号，1985年には博士号を取得する。その後1989年にカナダへ移住し，現在アルバータ大学の初等教育学部教授および附属の児童研究センターの所長を兼任。1998年よりプロジェクト・アプローチに関する本を紹介し，現在イリノイ大学名誉教授リリアン・カッツ氏との共著も含め，複数の本が出版されている。日本を含め，世界各国にてプロジェクト・アプローチに関するワークショップを開催している。

2　プロジェクト・アプローチの実践例

　プロジェクト・アプローチに関する情報提供の中で，最も実践者にわかりやすく示されているのが，"Project Examples"（プロジェクトの実践例）のサイトである。これは，プロジェクト・アプローチを実践している人たちから募集したものを選別して掲載しているページであり，就学前から小学校6年生までの子どもたちの教育保育を対象としている。募集方法としては，もし掲載を希望する場合，実践プロジェクトの要約をチャード氏のもとへEメールで投稿する。その場合には，プロジェクト・アプローチの柱である3つの段階（開始，発展，終了）に分けて書くこと，かつ表2-5-1に添って書くことなど勧められているため，読者にとっては読みやすい実践例となっている。

3　「チョウチョ」をトピックにしたプロジェクト・アプローチの実践例

　　　（翻訳：寒河江芳枝，修正加筆・註：ポーター倫子）
　ここでは，プロジェクト・アプローチのウェブサイトに投稿された実践例を和訳し紹介する（投稿者：Johnson, J., & Copous, C.）。
　テキサス州のラ・ポルトにあるキンダーガーデン（小学校入学前の1年間の義務教育）のクラスの子どもたちの活動であり，トピックスは「美しいチョウチョ」である。以下はプロジェクトの要約である。

段階1：プロジェクトの始まり
　　子どもたちがチョウチョについて持っている知識と経験をお互いに共有しながらトピックを紹介する。
段階2：調査と表示
　　子どもたちがチョウチョのテーマについて専門家と話したり，実地調査する機会を提供する。子どもたちはリソース★2を与えられて調査したり，基本的な技術，構造，絵画，音楽，ごっこ遊びを通して，自分たちのレベルで学ぶための手段を与えられる。

■表2-5-1　プロジェクト・アプローチの特徴
（シルビア・チャード氏より許可を得て翻訳，掲載）

	段階1：開始	段階2：発展	段階3：終了
話し合い	トピックに関する先行経験や現在の知識を分かちあう。	実地見学や実地でのインタビューの準備をする。実地見学をふり返る。間接的なソースから学ぶ。	プロジェクトに関するストーリを分かちあう準備をする。プロジェクトについて反省評価する。
実地見学	自分たちの経験について親に話す。	実地で調査する。実地またはクラス内でトピックに詳しい専門の人に質問する。	グループ外の人たちの視点を通して，自分たちのプロジェクトを評価する。
表現	描画，文書，構成，ごっこ遊びなどを通し，先行経験や知識を分かちあう。	実地でスケッチしたり，メモを取る。描画，絵画，文書，算数図表，地図などを通し，新しく学習したことを表わす。	他の人とプロジェクトについて分かちあうために，学んだことを簡潔要約する。
調査	現在の知識を元に，質問を出す。	最初の質問について調査する。実地調査と文献調査。さらに質問を出す。	新しい質問を思索する。
展示	トピックについて1人ひとりが経験したことを表現し，それを分かちあう。	新しい知識や経験について表現したものを分かちあう。進行中のプロジェクト作業を記録する。	プロジェクトを通して学んだことを要約する。

段階3：プロジェクトの完了
　私たちがチョウチョについて得た新しい知識と調査してわかったことを表わす。

（1）プロジェクトの準備段階
　私たちのプロジェクトはクラスの会話から始まった。ある子どもが，週末に裏庭で見たチョウチョについて，ある日興奮して学校で話す。他の子どもたちも，自分たちの家のまわりでチョウチョを見たことを，同様に語る。
　この発見がきっかけで新しい話し合いが始まった。テーマ活動の時間帯に，チョウチョはアメリカの秋の終わりの間に移動することについて話し合った。テキサスやメキシコは暖かい気候のため，あるチョウチョはラ・ポルトに移住したり，サナギになり始めるものも出てくる。
　子どもたちのチョウチョに関する興味の深まりにより，プロジェクトアプローチを用いて，このすばらしいトピックについて調べることにした。子どもたちの親に，チョウチョをトピックとしたプロジェクトを始めることや，研究助成金の対象となっていることなどを伝えた[★3]。
　チョウチョの話題が紹介される前に，この話題の成功の道筋を保障するために，関係するリソースについて徹底的な調査がなされた。私たちは，フィクションとノンフィクショ

ン，教材，ビデオ，コンピューターソフトや，観察のためにサナギの標本を集めた。カリキュラムの目的，予想される実地調査や中心活動についても同様に話し合われた。トピックのウェブとカリキュラムのウェブは，プロジェクトのための出発点を得るため，また私たちの持っている知識を体系づけるための助けとして記述した。

（2）プロジェクトの導入

3月はじめ，自分たちが小さかったとき，野原で楽しみ興奮しながらチョウチョを追いかけたり捕まえたりした経験をまず話し合った。数週間前に，数名の子どもたちが週末に見たチョウチョについて興奮しながら語ったことを皆覚えていた。子どもたちは，自分たちのチョウチョについての体験やお互いの話を聞くことで，情報を交換した。

私たちはそれぞれの経験を交換したあと，チョウチョに関する興味について表わすことにした。既存の知識について調べるための質問を図式化したもの（表2-5-2 EKWQ図表）を作成し，トピックのウェブはクラスに紹介され，新しい情報が付け加えられた。

■表2-5-2 EKWQ図表

私たちがすでに知っていることは何？	私たちが不思議に思っていることは何？
・チョウチョは，はねをもっている ・チョウチョは，飛ぶことができる ・チョウチョは，さなぎを作ることができる ・チョウチョは，目と足をもっている ・あおむしは，さなぎに変身する ・チョウチョは，さなぎから出てくる ・チョウチョは，異なった大きさである ・チョウチョは，異なった色である ・異なった種類のチョウチョがいる ・あおむしは這い，葉を食べる ・チョウチョは，テキサスにいる ・チョウチョは，世界中に住んでいる ・チョウチョは，触覚をもっている ・チョウチョは，昆虫である	・チョウチョは，何を食べるの？ ・あおむしは，いくつ足をもっているの？ ・チョウチョとあおむしは，いくつ目をもっているの？ ・あおむしは，子どもをもつの？ ・チョウチョは，どのように飛ぶの？ ・チョウチョは，どこに住んでいるの？ ・たまごは，どこからきたの？ ・あおむしは，飛ぶことができるの？ ・雨が降っている時，チョウチョは何をしているの？ ・チョウチョは，どれぐらい生きるの？ ・チョウチョは，巣を作るの？ ・さなぎは，何で作るの？ ・いくつかのあおむしとチョウチョは，毒があるの？

野外でチョウチョを調査するために，校庭のまわりを歩いた。子どもたちは小グループに分けられ，私たちが歩いているときに偶然出会うチョウチョの写真を撮るために，ポラロイドカメラを用意した。2匹のチョウチョをカメラに収めることができた。私たちはチョウチョの行動を観察し話し合うため，数分間その写真を見た。クラスにもどり，テキサス州のチョウチョが描かれている図鑑を手がかりにチョウチョの種類を特定した。それらはキャベツチョウと，コモンウッドニンフであった。子どもたちにより観察のリストが作られ，発見センター★4に写真とともに展示された。

子どもたちは，プロジェクトの始まりで，アオムシがどのようにチョウチョに変わるのかを質問した。このことについて調査を始めるために，私たちは幼虫を飼い，目の前で変化

を観察した。アオムシは毎日観察され,子どもたちは発見ジャーナルに観察を記録した★5。

(3) 実地見学

　実地見学として,テキサス州ガルベストンにあるムーディガーデン（熱帯雨林の生態を体験することができるテーマパーク）を訪れ,その中にある熱帯雨林の建物の中でチョウチョが卵を産むのを観察することを計画した。子どもたちは,あらかじめアイデアを出し合い,代表者とツアーガイドのためにインタビューの質問を書き出しておく。質問の大部分は,変態の過程や異なったチョウチョのタイプについてである。

　ムーディガーデンに到着すると同時に,オリエンテーションが行なわれ,保存されているチョウチョの標本を私たちに調べさせてくれた。私たちはチョウチョの特性について話し合い,異なったタイプに関して比較した。あらかじめ用意してきた質問をし,新しい質問も付け加えられた。代表者の人は,私たちの質問によく答えてくださり,私たちはその答えを今後の話し合いに用いることとした。次にチョウチョが卵を産む小屋を訪れた。多くの異なったタイプのサナギやチョウチョが観察された。サナギから出てくるチョウチョもいれば,羽を乾燥させているチョウチョもいた。説明は,さまざまなサナギの起源と展示のために必要とされている準備を中心に行なわれた。

　異なったサナギやチョウチョを形成するアオムシの写真が示された。変態の段階を示した模型を通して,話し合いは進んでいった。多くの質問は,異なったタイプのサナギについてであった。子どもたちは,それぞれのサナギがどのくらい異なって見えたかについて驚き,興味を持った。光る金色のチョウチョを想像することができますか？　そのとき,新しいチョウチョが熱帯雨林に放されたのを見た。

　熱帯雨林の見学が始まった。私たちはチョウチョの観察者になり,蜜をすったり,植物にとまったり,飛び回ったり,日向ぼっこをしているのを見た。発見センターに展示するため,チョウチョの写真をたくさん撮った。全体として,この経験は私たちの既存の知識を構築し,さらに新しい経験によって先行知識が広がっていくというものであった。

　クラスにもどったと同時に,私たちは実地調査からの観察と経験をもとにアイデアをどんどん出し,リストにしていった。このリストに基づいて本を作成し,読書センターに置くことにした。見学の写真はプロジェクト実施期間中,あとの参考のために,発見センターのジャーナルに掲載されることになった。

　私たちの学区の「生命の材料」のディレクターであるミラー氏をクラスに招いた。氏は,チョウチョの標本とともに,この地域で捕まえたラミネートした★6チョウチョを比較と観察のために持参してくれた。子どもたちは,この地域で生きているチョウチョについて,またどうやって氏がチョウチョを捕まえたかについて尋ねた。

　・アートのセンターでいろいろな種類のチョウチョを作るための材料が欲しい。
　・指人形をしたい。
　・インターネットでチョウチョについて調べたい。

・チョウチョについての本をつくりたい。
・チョウチョの衣装を着て，演じてみたい。
・幼虫やサナギの観察を続けて，時間ごとにどう変化していくか記録をとってみたい。
　子どもたちは，これまでの経験から学んだことを生かしながら，活動を続けていった。子どもたちの表わすチョウチョは，羽と静脈が対照的になっており，サナギは単に茶色や緑色だけでなくいろいろな色を持っていた。子どもたちは変態の過程を理解していった。全体として，実地調査は子どもたちが既存の知識とさらに新しい知識を結びつけていくうえで有効であった。私たちは経験から生まれた絵をクラスのジャーナルに付け加えることとし，さらに学習を深めるために新しい材料も提示された★7。

（4）センターでの仕事（活動）

　子どもたちは，この段階2で探索や調査を続けていくにつれ，知識や理解が深まっていくようすがみられた。EKWQ図表（表2-5-2参照）におけるさまざまな質問に対する答えが明白，確実になってきた。これらの知識は，センターにおける子ども主導の独立した活動によって表わされていった。

　子どもたちは，チョウチョについて調査するためのさまざまな機会が備えられているさまざまな保育内容のセンターおよび開かれたセンター★8で活動していった。

　絵画活動のセンターでは，さまざまな材料たとえばプレイド，粘土，絵の具，マーカー，ポンポン，モール，紙皿，紙筒などを使ってそれぞれの思いのチョウチョを作っていった。

　算数のセンターでは，パターンブロックや，板に釘を打って，輪ゴムをかけて形を作るボードなどを用いて，対称的な形について探索していった。さらに，対称的で食べることができるチョウチョまで作った。子どもたちはチョウチョの羽を使って，4の倍数について学んだ。

　読書のセンターでは，さまざまなチョウチョについてのノンフィクションの本やテープ付の本を閲覧することで，チョウチョに関する知識を深める機会が与えられた。

　指人形のセンターでは，グループごとにチョウチョや他の昆虫の指人形を使って，演じることをやってみた。

　引き続き発見センターにて，幼虫やサナギの成長や変化の観察，記録が行なわれた。このセンターはずっと継続して用いられた。子どもたちはそれぞれが発見ジャーナルに観察したことを記録していった。またある環境内でチョウチョが，カモフラージュして姿を隠すことなどについても調べてみた。

　ごっこ遊びのセンターでは，羽や触覚を身につけることでチョウチョになりきった。保育室を飛びまわり，ストローを使って蜜を吸うマネもした。

　子どもたちはこのプロジェクトに十分従事し，それぞれが自分の思いで調査していく自由を楽しんでいるようすであった。

（5）展示

　子どもたちのさまざまな段階での作品、はじめから終わりまでのものが集められた。完成した作品はクラスや廊下に飾られ、自分たちの創造作品を見てもらうことにした。

　指人形やごっこ遊びのセンターで、子どもたちによって創られたお話のビデオをとったり、ブロックのセンターでの作品や、インターネットで検索したり、チョウチョの生涯について観察記録しているようすの写真も撮影した。できた作品はチョウチョとその生涯について理解したことをふり返ったり、自分たちの知識をさらに用いたりするために展示された。

　プロジェクトの終わりに近づき、チョウチョがサナギに変わったこともあり、段階2を終え段階3に移行することとした。

　チョウチョに関する学びを終えた頃、子どもたちはサナギがチョウチョになっていくために、砂糖水をあげて世話をした。チョウチョの生涯について実際に研究や調査を行なうことによって豊かな知識を得ていった。チョウチョについてどんなことが起きているかを説明するために、学んだばかりの科学的な専門用語を喜んで用いた。私たちは親や学校のスタッフをクラスへ招待して、子どもたちがこの数週間の間に目にしたすばらしい変化について語る機会を提供した。

　私たちは、EKWQ図表をもう一度見ながら、プロジェクトを始めた頃の質問や不思議に思ったことなどを確認していった。私たちが学んだことをリストにしていった。子どもたちは、チョウチョをテーマにしてどれだけ莫大な知識を得たかについて非常な驚きを示した。

① 最高潮に達する出来事（美しいチョウチョを放つ）

　私たちのチョウチョを外に放つことが、このプロジェクトの最もすばらしい一瞬であった。

　クラスは外に出て、お花畑の近くの建物の前の見晴台のところに行って、チョウチョを放した。子どもたちはチョウチョが自由になっていくのを驚きをもってみつめ、飛びまわり始めた。チョウチョを追いかけたり、お花畑にいって、蜜を吸うようすを観察したりした。クラスで大切に育ててきて、今自然の環境の中で自由になっていくのを目にするのは、子どもたちにとってなんてすばらしい経験であろうか。

　子どもたちはプロジェクトを終え、クラス内や廊下に協同の作品が飾られている。そして子どもたち、親、先生より、すばらしい評価を得ている。中には、テントウムシ、バッタなど他の昆虫について興味を持つことにつながった子どももいた。このような興味は、次へのプロジェクトまたは個人的な調査へと発展していくに違いない。

② コメント

　このチョウチョに関するプロジェクトを終了するに際し、子どもたちと親はプロジェクトを通して得た経験についてコメントをするように求められた。

（6）結果

　私たちの最初のプロジェクトは成功に値するものであった。子どもたちがチョウチョというトピックで新しい知識を得ていったり，日々の子どもどうしや親との会話でその知識を用いて説明していくようすを目にするのはすばらしいことであった。5歳児の子どもが計画したり，研究したり，インタビューしたり，整理したり，チームで取り組んだりしていくようすを目にするのは驚きに値することであった。子どもたちは，自分たちのアンテナでチョウチョについてのトピックをよく把握していった。次の新しいプロジェクトに取り組むことを心待ちにしている。

4　実践事例「チョウチョ」の感想・意見

　（角尾・角尾保育実践研究グループ，まとめ：寒河江芳枝）

　上記のプロジェクト・アプローチの「チョウチョ」の実践例を角尾・角尾研究グループの保育実践者に読んでもらい，アンケートをとることにした。その結果は以下の通りである。

（1）自分の保育に参考にしたい，やってみたいと思ったこと

- 子どもの話し合いによってウェブを作成する。
- 実際にチョウチョを飼育し，観察記録をとる。
- わからないことは，本やインターネットを使って検索をする。
- チョウチョに詳しい人（たとえば，研究者）を招き，子どもたちがわからないことについて質問をする。
- 指導型の保育ではなく，子どもの自発性を大切にしている。
- このプロジェクトで，個々の考え方の違いや個々の持っている知識の幅，語彙の多さなどを知ることができる。
- トピックは，子どもたちが今何に興味を持っているのかを探ることが大切である。
- さまざまな表現方法があることを踏まえて，子どもたちのその時どきの姿から取り組める教材などを準備する（例，指人形，観察記録，劇遊びなど）。
- 調べたことを発表し，お互いの知識を共有する。

（2）プロジェクト・アプローチが取り入れられないなら，どのような点が不可能か

- 実施調査に関して，現在の日本の社会や地域では非常に難しい。なぜならば，子どもたちを受け入れるお店などを見つけるのに容易ではない。
- 安全面を考慮すると多くの人の助けを必要とし，費用や保護者との問題も生じてくる。
- 幼稚園では行事に追われているので，このような活動を長期間にわたって行なうことはかなり難しい。

- 長期間，複数の保育者と活動を行なうのは難しい。
- 保育者が子どもたちのひらめきや発言についていけないのではないだろうか，不安である。
- 子どもたちの発想に保育者がプラスの意見を言うことは難しい。
- 教材などをそろえるには，経済的にかなり負担になってくる。
- 1人担任で活動を行なうには限られてくる。難しい。
- 実地調査をするのに専門家との連絡が難しい。
- 園の中でプロジェクトを取り入れるならば，保育者側もその知識を入れなければならない。現在，日本で幼児教育の指導に携わっている者の中には，学生時代に教育方法の中でプロジェクト・アプローチを勉強した者はいないのではないかと思う。プロジェクト・アプローチを取り入れるならば，まずは教育者側がその勉強をする必要がある。

（3）その他の感想，意見
- このようなプロジェクトを進めていくには，多くの人々が活動を知り，協力をしてもらえる状況を作っていく事が必要に思える。社会全体が，このプロジェクトに興味・関心を示す必要性を感じた。
- プロジェクトのよい点は，子どもたちが興味を持っていることや，保育者が子どもたちに興味を持ってほしいと思うことなどを，教えるのではなく子どもたちが自然と経験し学ぶことができるということだと感じる。
- 日本の保育の中でもプロジェクトのようにしっかりと計画されていなくても，子どもたちが経験から学ぶ機会も多々あるように思う。さらに，小学校の頃に出かけた社会科見学的なことが保育でもできると楽しい。

■注
★1　プロジェクト・アプローチについての本：カッツとチャードによる "*Engaging children's minds: The project approach.* 2nd ed." は，『子どもの心といきいきとかかわりあう―プロジェクト・アプローチ―』として翻訳，紹介されている。
★2　リソース：リソースとは子どもたちの活動に役立つ，貢献するすべてのものをさす。
★3　子どもたちの親への伝達：親への伝達はプロジェクトアプローチを成功させる鍵ともなっており，特に実地調査で親の協力を得るためには準備段階より紹介しておくことが大切である。
★4　発見センター：教室の中に発見センターという名称で，科学遊びや生物についての学びのためのコーナーが設けられている。
★5　発見ジャーナル：ジャーナルとは日記や日誌をさす。幼児・初等教育で教育・保育方法の1つとして頻繁に導入されている。

★6　ラミネート：ラミネートとは，絵本や教材などが汚れないようにプラスチック状のカバーをすることをさしている。
★7　新しい材料の提示：子どもたちが活動に飽きないために，たえず材料を吟味するという視点は，プロジェクト・アプローチでは欠かせないものと思われる。
★8　開かれたセンター：多目的に使われるセンターのことをさすと思われる。

■ 引用文献

Chard, S. http://www.project-approach.com（2005年）

Helm, J.H., & Beneke, S. 2003 *The power of projects: Meeting contemporary challenges in early childhood classrooms-strategies & solutions*. New York: Teachers College Press.

Helm, J.H., & Katz, L. 2001 *Young investigators: The project approach in the early years*. New York: Teachers College Press.

Katz, L., & Chard, S. 2000 *Engaging children's minds: The project approach*. 2nd ed. Norwood, NJ: Ablex Publishing Corp. 小田　豊（監）奥野正義（訳）2004　子どもの心といきいきとかかわりあう―プロジェクトアプローチ―　光生館

Kilpatrick, W.H. 1918 The project method. *Teachers College Record*, **19**(4),319-335.

Spodek, B., & Saracho, O.N. 2003 "On the shoulders of Giants": Exploring the traditions of early childhood education. *Early Childhood Education Journal*, **31**(1), 3-10.

Vartuli, S. 1992/2004 How do I integrate the curriculum using the conceptual frameworks of themes and web? In *Project construct: A curriculum guide understanding the possibilities*. Missouri Department of Elementary and Secondary Education. p.81.

Worsley, M., Beneke, S., & Helm, J.H. 2003 The pizza project: Planning and integrating math standards in project work. *Young Children*, **58**(1), 44-50.

第3部

変革期の幼児教育

第1章

変革期の幼児教育を支える教師・保育者養成

　どの学校種別においても，教育改革の必要，教育の質の向上を図る必要が問われている。幼児教育も例外ではない。保育方法の実践研究を現場から始めるだけでなく，養成校の学生に体験的に学ばせたいと願って，この章を設けた。「保育方法と教師の構え」「子どもの学びを大人も体験する」「テーマのある活動を構想し，自分ならどうするか，計画案を作る」などを要点として記述してある。

第1節　教育改革の方向

　第1部に，「プロジェクト型の保育実践」を提唱した。ここに記述した実践は「レッジョ・エミリアの保育」に示唆を受け，新鮮な目で自分のクラスの保育を見直し，あらためて探求中心の保育に進める可能性を見い出したことに始まる。子どもが「自分が見つけた」課題に取り組み，探求しているとき，いきいきと活動する姿を見ることができる。以下，これを「プロジェクト型の保育」とよび，角尾・角尾グループの実践をもちより，検討を加えて編集した。
　これを日本の保育文化の中に息づかせたいと考えている。

1　プロジェクト型の保育
　レッジョ・エミリア・アプローチに関心を持つ人は多いが，日本の実践に導入することを躊躇する人が多いのも事実である。
　ここで2002（平成14）年から小・中学校で始まった「総合的な学習」の時間を取り上げて，日本の教育改革の方向について考えてみることにする。この時間を設けた第1の意義は「探求中心」の教育方法を導入したことである。すなわち，「総合的な学習」は，教育を受ける者自らが課題を見つけ，自ら学び，主体的に判断し，よりよく問題を解決する資質・能力を育てようとすることをねらいとし，「生きる力」をはぐくむ教育が唱えられて

いる。別の角度からみれば、教室が「知識伝達」の場から「学習」の場に変わることであり、教師の意識改革を求めてもいる。しかし、「総合的な学習」の時間は、3年目の今（2005年）になってもいまだ十全な運営にいたっていないようである。先の「レッジョ・エミリア・アプローチ」の導入に躊躇するのと、その状況が似ている。

　確実に日本の教育に変化が求められている。それにも関わらず、取りつき方がスローであるのはなぜか。その一因に、「プロジェクト型の保育」も、「総合」も、その「カリキュラム」の概念になじみがないことがあるのではないか。これは学生時代から体験し、学ぶ機会が必要ではないだろうか。

　そのために、その機会を「クラスでどのように作るか」を以下に考えてみる。

2　カリキュラム概念の違いは教師の構えの違い

　保育場面をおおまかに分けると、一般に、①子どもを「自由に自発的に遊ばせる」自由遊びとよぶもの、②「1つの活動に具体的ねらいを決めて活動展開を計画する」一斉保育とよぶもの、の2つが想像される。

　①の場合は、教師は子どもの遊びの背後から伴走する構えで保育にあたる。

　②の場合は、教師は目標達成のためにふさわしい教材の準備、必要な説明、個々の子どもへの配慮をし、クラス全員が同じ目標へ到達するように導く。教師は子どもの前面に出て指導する構えである。

　3つ目にあげるものが、③「プロジェクト型の保育」の活動である。この場合、保育に関わる教師の対応は、①とも②とも異なる。「プロジェクト型の保育」は活動に大きい目標が立ててある。しかし、次に始める「プロジェクト」は、ねらいを具体的に特定していない。教師は子どもの関心や、子どもの過去の経験に関する知識を基礎にして、子どもの間に起こりそうな活動の仮説を立てておく。多くの場合、仮説に添うようにして子どもの興味・関心が柔軟に適応していく。

　ここでもう1つ大事なことがある。「プロジェクト」を進行する中で、子どものさまざまな表現や活動展開の中に随時出てくる子どもの興味・関心を読み、さらに、発展するように引き出す工夫も「プロジェクト型の保育」に含めたい保育者の構えである。

3　保育場面でみるべきものは何か

　先に述べた①・②・③の保育の場にみる子どもの姿・表現する内容は異なっている。

　①の場合、子どもは用意された空間・時間・環境の自由の中で、自分らしいふるまいをする。②の場合は、子どもは教師の指示待ち状態が多い。または、「終わったら○○して遊ぼう」と心が閉ざされていたりもする。

　保育の初心者は、子どもの前で自分はどのようにふるまうべきか、ということへの関心が最も大きい。そこで保育見学の際は、「先輩のようになりたい」と、目指す保育者の発言や身体の動きを子細に記録にとどめて学ぼうとする。

一方保育記録は保育の対象を研究することが基本である。すなわち，子ども・子どもたちの言葉・会話・表情・身体の動きを子細に聞き取り，観察したものでありたい。
　③の保育が実践されている場で子どもの記録ができるとよいと思う。子どもはいきいきと活動し，大人も感動する発見をし，自己表現をしている。教師は，随時発現する子どもの表現をとらえ，その意味を考え，次の展開へ導くしかけを考えている。そこに子どもの質の高い学びをみるし，保育者もともに成長しているのをみることができる。

4　保育の構えを柔軟にする

　この本の第１部の記述と，前段の「プロジェクト型の保育」は，次のように連動する。教師は保育中，随時子どもが表現する事柄に，子どもの興味・関心の意味をとらえ，次の方向性を探り，はたらきかけをする。これは「発達の最近接領域にはたらきかける」（ヴィゴツキー，2003）ものであり，教師と子ども，子どもどうしが会話し，力を合わせて，「明日獲得する能力を，今日獲得する」のである。この保育を，③の「プロジェクト型の保育」とよぶ。
　この場合の教師には，柔軟な思考，豊かな想像力，創造する力が期待される。
　子どもの発想を広げるための方策は，「会話」がその手段であり，指示・命令ではない。会話は，言葉によるものだけではない。身のまわりを子細に観察すれば，身ぶり・表情・音楽・造型表現などでも行なわれているのをみることができる。
　次にあげる事例は，「プロジェクト型の保育」の発想を広げる手段である「会話」を言葉に限らず，さまざまな体験のために試みたものである。これらがヒントになり，教師養成のクラスの中に柔軟で創造的な試みが生まれることを期待する。

第２節　学生に「プロジェクト型の保育」の体験を

1　音楽でのコミュニケーション
──新しい視座から保育者養成の授業を考える：音楽表現の素材（リズムと響きを遊ぶ）
〈音のキャッチボール〉

1）24人の学生がトーンチャイム（5音音階の音を，あらかじめ選んでおく）を1本ずつ持ち，8人を1グループとして，3グループがそれぞれ円になる。トーンチャイムから出る音をボールに見立てて相手に送る。送られた人は返すという行動を楽しんだ。
2）しばらくして「自由に遊んでください」という教員の指示で，3グループは自由に遊んだ。あるグループは1つのルールを導入し《音のボールを送られた人が鳴らすだけでなく，その直後に両隣の人が鳴らす》，それにより新しい音響の世界が生み出された。
3）また，あるグループはテンポを変えると同時に，受けとめ送るという行動に特定の動きを考案して，それを付加して遊ぶということをした。

4）もう1つのグループでは，「足の不自由な人だったら，どのように楽しむことができるかしら」という発言をもとに議論が始まった。

この授業実践を学生たちの感想と合わせて，求められる保育者の資質について以下に考察してみる。

（1）まちがいのない表現の世界を提供する

音楽教育で常に問題になるのが，表現技術の問題である。楽譜通りに表現しないといけないとか，教えないと表現できないという発想を根本から覆してみてはどうか。先の実践のように，そこで何をやっても誤りとされない音楽表現の場を提供することは表現に臆病になった学生の心を解放する。自分の発する音，行為すべてが受け入れられ，かつ，その音や行為が，その中に同化・同調され，音楽的な意味を持ってくる。このような経験は人に，少なくとも「まちがった」といういやな感情は生じさせない。

（2）音楽を通してコミュニケーションする

言語ではなくて，身体全体を使ったトータルな音楽表現を媒介として，相手に自分の思いを伝える。相手はその表現を受けとめ，返すという，音楽を通してのコミュニケーション，そして，それをはっきりと自覚する経験は貴重である。

相手が発する表現をしっかりと受けとめ，受けとめた証として，相手の表現に対して何らかのバリエーションを加えた自分の表現を相手に返す。動きを伴う音のボールが飛び交う様は，まさに言葉でコミュニケーションをしているようである。言葉を使ったやりとりは誰しも経験しているが，このような共同で新しい表現の世界を生み出すという体験は非常に意義があり，表現に対する個人の意欲を強めるだろう。

（3）創造的スキルへ発展させる

獲得したスキルを違う文脈で考えることができるということは，子どもの「足場」を考える力へとつながる。「身体の上半身だけでリズムを遊ぶことを考えよう」というように，リズムを音楽的な狭い概念でなく幅広い概念の適用へと広げている。

2 遊びの中でルールが作られる　遊びが発展するときも，そこに新しいルールが生まれている──養成校における実験

ここにあげる事例は，子どもの遊びを大人が体験的に学ぶ機会を提供するものである。

4年制養成校の学生の3年次生6名に，ある試みを行なった。彼らは同学年ではあるが，全員が個人的なつきあいのある仲間どうしではない。また学生たちには，この日の計画は事前に知らせていない。

（1）遊びの中でルールが作られる

1）教室に集まった学生に，「今日は少しの時間，この場で遊んでみよう」と声をかけ，目の前に新聞紙数枚を置いた。けげんそうな学生たちに教員が，「この新聞紙を使って，どんな遊びができるかな」と問いかけると，一同しばらく考えているようす。

2）1人の学生が「この新聞紙に何人乗れるかっていうのは？ それだったらここでもできるよ」と，ほかの学生に提案した。それに対して別の学生は，「どの大きさにする？」と言いながら新聞紙を広げた。「このぐらいだったら乗れるんじゃない」と言って二つ折りにした新聞紙を示す。ほかの学生も賛成し，それぞれ自分の席から立ってスペースを作りはじめる。

3）しかし靴をはいたままでは実行が難しいという意見が出たため，一同，靴を脱ぎはじめる。そして，床に置いた新聞紙の上に集まり，全員の両足が新聞紙に収まった。

4）「次はどのくらいにする？」と教員が声をかけると，「この半分」と言って，新聞紙を折る。学生たちは「無理！」と言いながらも，6人が円陣を組んで片足を新聞紙に乗せ，声を掛け合いながら互いを支えあう。

5）長い時間は無理だという意見が出たため，「5秒間立っていられたらよい」というルールの提案があり，再度挑戦した。

6）次に1人の学生が「りんごの皮むきみたいに，どれだけ長く裂けるかっていうのは？」と提案したことから，それぞれが目の前の新聞紙を細長く破りはじめる。

7）ある学生が「新聞紙がきれいに裂ける方向があるのよ」と言って，皆と違う方向に新聞紙を破っている学生に声をかける。「本当だ！ 知らなかった」という友だちの声に，1つの遊びを楽しんでいる雰囲気が広まる。

8）しばらくすると，学生たちは破れた新聞紙を集めて丸め，ボールのように投げはじめた。ちょうど3人ずつ机を挟んで向き合っていたため，チーム対抗のような形になり，丸めた新聞紙を手のひらで打ち返しはじめた。暗黙のうちに相手のボールをとることができないと負けというルールで，遊びは進んでいった。

9）再び教員が「ポイント制にしたら？」と提案をすると，ゲームの運営方法を決め，試合形式で遊びが続いていった。

10）しかし相手からきたボールが明らかに打ち返せないようなケースが出てくると，「それはないよ」と言って，返球の条件を話しはじめた。そしてポイントにならないボールについて決める相談のあと，「相手が絶対に取れないような返球はポイントとしないこと」という取り決めが行なわれた。

11）さらに，打ち合っていたボールが壊れ始めると，「紙袋はないですか？」といって遊びの継続のために，積極的な発言がみられた。　　　　　　　　　　　　　　　（約40分間）

（2）実験の考察

1）今回行なった学生との遊びの場面をふり返ると，「教員－学生」の会話はもちろんの

こと，遊びの主体である学生どうしの対話が，遊びの展開に大きな意味を持っていることがよくわかる。「相手と話すこと」「意見を交換すること」，そして「試行錯誤すること」が，その場を充実させていることに気づく。

　この学生どうしの対話は，相手の意思や希望，その場の雰囲気などを察しながら進めることが可能である。つまり互いに相手と共通の世界を作り上げる作業を行なえる関係にあるといえる。このことは，教師としての役割を考えたとき，1つの示唆となるのではないだろうか。

2）レッジョ・エミリアでの保育実践を紹介した本 (J・ヘンドリック／石垣・玉置監訳, 2000, p.58-69) の中で，保育者と子どもたちの活動時の特徴は，「特に印象的なのは，お互いが対話をしながら次の方向を探っていくという保育の方法や，子どもたちの声を注意深く受け止めるといった保育者の姿勢である」と記されている。さらにそういった保育のあり方を，保育者養成へ応用しようとした試みが紹介されている。幼児教育の基本が「一人ひとりの子どもに向かい合う」ことであるとしたら，今回の試みにもその意味するところがみえるのではないだろうか。相手（子ども）の意向を確かめながら遊びを進めていくことの重要性を，養成の過程においても確認していくことが大切なのではないだろうか。

第3節　「プロジェクト型の保育」を構想する

　学生時代に「プロジェクト型の保育」の場を想像することをすすめたい。以下に述べるものは，事例「インタビューの記事」をもとにしたものである。
　インタビューの記事の内容には，子ども時代の願い「○○になりたい」を具体的に体験するように，しかもゲストを身近な卒業生に求めて「○○の話を聞く」という体験の機会を作っているものである。活動のテーマおよびゲストを招くときのヒントにもなるであろう。
　以下で，その手だてを述べる。これをヒントにして，構想してほしい。

1　保育を想像するための「手だて」
（1）仲間を集める
　これからみてゆくインタビュー記事は，「白バイの警察官」「コックさん」を招いてお話を聞いたときのものである。幼少の頃に「大人になったら○○になりたい」と考えたことがあろう。「ああ，あの頃わたしは……」と思い出すこともあろう。それをテーマに「プロジェクト型の保育」展開を想像することは意味があるし，このテーマは場合によって，毎年の計画に入れることも可能なテーマである。そこで「プロジェクト型の保育」展開を想像し，記録する作業をしてみよう。1つのテーマのもとで「プロジェクト型の保育」に

ついて共同作業をする体験は，学生の時期に必要なことである。
　このことのために，3名〜4名の仲間を集め，協力して作業することをすすめたい。
（2）インタビューの記事を仲間と読む
　保育室でどのように保育が展開したかを想像しながら，仲間とガヤガヤと話し合いつつ音読する。「ガヤガヤ」の中に，他人の感想・意見が内在している。気にとめておくと，後の作業に生きる。

★読みながら考えること

その1　園にゲストを招く準備の概要を知る。たいへんさに気づく。
その2　「白バイの警察官」または「コックさん」について，自分が知っていることは何だろう。仲間と書き出してみよう。
その3　さらに知りたい，やってみたいことを書き出してみよう。
その4　記事の中の子どもたちは一問一答だが，子どももきっとガヤガヤと聞きたいことがあるだろう。教師の発問に「記事とは別の問いかけ方」がないか，考えて書き出してみよう。
その5　クラス担任になったつもりで保育活動の展開を予想し，形式・枠組みにとらわれず，計画案を書いてみよう。

2　インタビューの記事——幼稚園の記念事業における誕生会での催し

　園が生まれて50年たったという歴史を，肌で感じられる活動がしたいと考えた。年長組では，毎月，誕生月の子どもに「大きくなったら，何になりたい？」と質問している。これをもとにして，50周年記念の取り組みは，年長組の誕生会に毎回卒園生を1人ずつ招き，その方の仕事についての話を伺うことにした。
　卒園生は約6500名。その中で，連絡が付いた人が約半数。地元に住んでいて，子どもにわかりやすい仕事をしている方を探すというのは，非常にたいへんだった。しかも，女性は，ずっと仕事を続けている方が少なく，結婚して地元を離れてしまっている方が多かった。また，誕生会が平日の午前中であることから，仕事の都合をつけて来ていただける方がとても限られてしまったが，できるだけ各年代の方に来ていただけるように配慮した。
　[誕生会に出席してくださった卒園生の職業]
　　年長組：花屋さん／保育園の先生／白バイの警察官*／歯科医／コックさん*
　　年中・年少組：夢織座（ゆめおりざ　児童館を中心に活動している人形劇サークル）／Clap Your Hands（男性7人のアカペラグループ）／学童クラブの先生／大学の教授（音について研究をしている）
　＊平成15年10月28日の白バイの警察官，12月16日のコックさんの回について，2

回の記録を次に載せる。

（1）事前準備（2回とも同じ）
1）持ち時間10分〜15分の中で，園児のときの思い出，今の職業に就いたきっかけ，仕事の内容は必ず話していただけるよう，事前にお願いした。
2）年長組は2クラスあるが，2つずつ質問を用意。質問と質問者は，事前にクラス担任が子どもたちと相談し，できるだけ質問者が重複しないように配慮して決めた。

（2）当日のお話
◆白バイの警察官
　10月28日　M.H.さん（白バイの警察官）を招く
　　　　　　　昭和43年度　第15回卒園生
　　　　　　　在園時から武蔵野市に在住。
　　　　　　　現在，中野区の警察署に白バイ隊員として勤務。

　① M.H.さんの幼稚園の思い出
　　・女の子をいじめて先生に呼ばれ，おしりをたたかれた。
　　・毎日，お帰りの時間に「肝油」を1人1個ずつもらって食べていた。
　M.H.さんにとって肝油はいちばん印象的な思い出だったようで，打ち合わせのときに「また食べてみたい」というお話があり，当日，みんなで肝油を食べた。
　② 警察官になったきっかけ
　小学校3年生のとき，弟が交通事故で大けが。それを見て「交通事故をなくしたい」「悪い人を捕まえたい」と思うようになった。
　③ 子どもたちからの質問と，M.H.さんの答え
　　Q. お巡りさんになるにはどうしたらいいですか？
　　A. 今できることを一生懸命やってください。あとは，お父さん，お母さん，先生の言うことをよく聞いて，良いこと，悪いことを知ってください。

　　Q. 悪い人はどうやって捕まえますか？
　　A. 白バイで追いかけます。逃げようとする人もいるので，とことん追いかけ，犯人がギブアップするまで追います。

　　Q. 今まで，何人捕まえましたか？
　　A. お巡りさんになって18年の間にたくさん捕まえましたよ。

　　Q. 白バイに乗るにはどうしたらいいですか？
　　A. まずは自分で希望します。そのあと体力検査，身体検査があります。そして2か月間の訓練もあります。最近は，女の人もいます。

お話のあとは玄関前で実際に白バイを見せてもらった。あいにくの雨で園庭を走ってもらうことはできなかったが，付いている装置の説明，バイクの重さなど，ほかのクラスの子どもたちも出てきて，大興奮となった。

◆コックさん
　12月16日　K.Y.さん（コックさん）を招く
　　　　　　昭和29年度　第1回卒園生
　　　　　　在園時から杉並区に在住。
　　　　　　現在，三鷹市でレストラン「ビストロもみの樹」を営業。

① K.Y.さんの幼稚園の思い出
　・木でできた大きな積み木で車や船を作り，運転するまねをして遊んでいた。
　・園庭では丸いジャングル（地球ジャングル）によく乗っていた。入園してしばらくしてお山ができたのでよく登った。
　・毎日，先生から「肝油」を1粒ずつもらって食べたことが忘れられない。
　・コッペパンにピーナッツバターが塗っていないと，「幼稚園に行きたくない」と言って，お母さんを困らせていた。
　・お弁当は，ストーブの上に網を置いて，その上で温めていた。

② コックさんになったきっかけ
　高校2年生のとき，病気のお母さんに代わってごはんを作ったら，「おいしい，おいしい」と食べてくれたのが，コックさんになったきっかけ。

③ コックさんの一日
　朝，お店に行ってお掃除をします。
　　調理場で下準備。野菜を洗ったり，パスタのソースを作ったり……。
　　　　　　　　↓
　　ランチタイムのお客さんが来ます。
　　　　　　　　↓
　　ティータイムのためにコーヒー・紅茶の準備，ケーキを作ります。
　　　　　　　　↓
　　ティータイムが終わったら，一度店を閉めて，夜の準備をします。肉（牛半分くらいの大きな肉）のそうじなど。
　　　　　　　　↓
　　ディナータイムのお客さんが来ます。
　　　　　　　　↓
　　ディナータイムのお客さんが終わったら，かたづけをします。家に帰るのは，いつも夜の12時頃です。

④ 子どもたちからの質問
　　Q. どんなお料理を作っていますか？

A. 人気メニューは，パスタとステーキ。大きなエビフライもあります。

Q. どうして，そういうお洋服なんですか？
A. 帽子はお料理に髪の毛が入らないように，そして白い服は汚れがすぐにわかるからです。汚い服でお料理は作れません。首のチーフは，汗を拭くときにも使います。

Q. お客さんはたくさん来ますか？
A. たくさん来てくれています。でも，もっともっと来てほしいので，みんなも来てくださいね。待っています。

Q. 野菜はどこで買うのですか？
A. 安くて新鮮な野菜を，奥さんが探して買ってきてくれます。

Q. コックさんになってよかったことは何ですか？
A. お客さんに「おいしかった」と言ってもらえたときです。

　K.Y.さんは，園での思い出の写真をたくさん持ってきて，みんなに見せてくれました。

（3）誕生会のあと
1）お巡りさんやコックさんの絵をかいた。
2）みんなでお礼の手紙を書き，それを持ってお宅を訪問した。

（4）誕生会にお仕事の人を呼んでの感想
1）年長児なので，仕事は仕事として理解していた。ごっこ遊びに発展することはなかった。
2）園舎が建て変わっているので，「今の玄関のあたりに，昔はお部屋があって……」などという今の園舎との違い，また固定遊具などは変わっていないので，お招きした方が，昔同じ遊具で遊んだという話などは，それぞれ，子どもにとってとても不思議でうれしいことだったようだ。
3）お招きした方は，幼い子どもを対象にした話し方について，どう話したら伝わるのかというとまどいがあったようだ。
4）平常の保育では得られない学びを得たことは大きい。警察官が悪い人を捕まえるだけでなかったり，コックさんがお料理を作るだけでなく，朝早く競りに行くなど，料理を作る以外の仕事をしていることがわかり，子どもたちの仕事に関しての理解が深まったようだ。

3　まとめ——保育活動を事前に立案することの意味
1）子どもを理解するとき，自分の子ども時代を思い出し，今の子どもの生活と対比する

ことは，子どもの育ちの背景をかなり具体的に知ることにつながる。友だちと子ども時代を話し合いながら，現代の子どもの言動を想像して立案してみることは，意味のある活動である。
2）日常の保育実践は，大なり小なり実践者の意図がはたらく。この意図は，外側からの観察ではみえにくいが，保育の方向・流れが決まる，隠れた重要な要点である。しかも，これには実践者個人の傾向があり，それに左右される。したがって，仲間との会話の中で，保育の方向・流れが一通りではないことを知ることになろう。多面的・多角的な見方・考え方を許容し，自分にないものを取り入れる機会の1つになる。
3）「プロジェクト・アプローチとは何か」（第2部第5章）を参考にしてほしい。これはかなりシステマチックに整理されすぎているとの批判もあるが，この手順に添って1つのテーマの展開を予想してみることは，子どもがものごとに挑戦する意欲を盛んにする機会を探る糸口になるであろう。
4）第3節の「白バイの警察官」「コックさん」というテーマは，何かちょっとしたきっかけがあれば，かなり応用できるテーマと想像する。保育実践者を志す人々には，このテーマ以外にも，子どもが出会うことが予想されるテーマを数多く探ってほしい。この種の立案の機会の多いことを願うものである。
5）保育実習に「遊びのタネ（折り紙・歌・製作）を用意する重要性」を説く人は多い。しかし，これだけでは第1節に述べた保育者の③の構えを，実践的に学ぶことは難しいのではないだろうか。
　　まずは仲間と力を合わせて実行してみることをすすめる。

■ 参考文献

ヴィゴツキー，L.S.／土井捷三・神谷栄司（訳）2003　「発達の最近接領域」の理論―教授・学習過程における子どもの発達　三学出版

ヘンドリック，J.／石垣恵美子・玉置哲淳（監訳）2000　レッジョ・エミリア保育実践入門：保育者はいま，何を求められているか　北大路書房　Pp.58-69.

●資料1

『ヨウチエン――日本の幼児教育，その多様性と変化――』

S.D.ハロウェイ（著）／高橋　登・南　雅彦・砂上史子（訳）
2004年　北大路書房

1．本の概要

　本書は，アメリカの発達心理学・幼児教育の研究者である，スーザン・ハロウェイ（Susan D. Holloway）が，1994年に関西地方を中心とした32か所の幼稚園・保育園を実際に訪れ，園長，保育者のインタビューをしたり，実際の保育のようすにふれて，日本の園を包括的に理解しようとしたものである。

　スーザン・ハロウェイの専門は，発達心理学・幼児教育であり，カリフォルニア大学で親の養育と文化の関係について研究を行なっている。大学院時代の指導教官は，親の養育態度に関する日米比較研究『母親の態度・行動と子どもの知的発達――日米比較研究――』（東洋ほか　1981年　東京大学出版会）の著者のひとり，ロバート・ヘス（R. Hess）教授であり，ハロウェイもこのときの調査に加わった。

　そんなハロウェイがふれた日本の園は，自国のそれと比べて非常に多様で，さまざまな文化を反映した複雑なものと映ったようだ。

　それまでの欧米から見た日本の幼児教育が，受験のための勉強や集団主義的なものであると一律に語られてきたのに対して，日本の中にも多様な園の形態があるということに着目した点において，「ヨウチエン」はたいへん興味深い。

　本書の中では，日本の園を大きく「関係重視型の園」，「役割重視型の園」，「子ども重視型の園」の3つに分類している。友人とよい人間関係を築くことやクラスでの生活の決まった手順を学ぶことなど，子どもを集団になじませることを重要視しているのが「関係重視型の園」である。「役割重視型の園」は，知育や体育などに高い目標を設置し，ひらがなや漢字の学習，器楽演奏などのほか，英語，華道，体操などが専門の教師によって指導されており，英才教育的に子どもの能力を育てることを重視し，厳しいしつけが行なわれている。3つめの「子ども重視型の園」は，比較的小さな規模の園で，1日の大半が自由遊びであり，豊富な教材を準備し，その教材で自由に遊ぶ子どもたちを保育者が援助していくというものである。

　そこには，明治以来，欧米の幼児教育の理念を取り入れつつも，独自に進化していった日本の保育形態の典型的な姿が浮き彫りにされている。

　さらに，ハロウェイは，その3つの園の形態に，経済階層，宗教，公立か私立かが複雑に絡みあっている日本の園の実像へと迫っている。

　しかし，本書の評価は大きく二分する。本書に対する批判の1つは，日本には14,000あ

まりの幼稚園，23,000あまりの保育園があるのに，32か所の幼稚園・保育園の調査だけで論理を構築するのは少々無理があるのではないかということ。また，仏教系の園には「役割重視型の園」が多く，そこには仏教の教義が反映されているなどという，どの程度理解の上に立って論じているのか疑問に思うような点もみられる。

一般に，日本の保育界では，集団の中で他者とうまくコミュニケーションをとりつつ，幼児個人の個性を大切にし，個々の能力を伸ばしていくような保育が望ましいとされ，その方法論や子どもへのアプローチについて，多くの実践報告や研究書が著わされてきた。しかし，園で行なわれている保育そのものではなく，その背景にある経済階層，宗教，公・私立の違いにまで言及しているものは，少ないのではないだろうか。

本書に対する批判をふまえつつも，日本の幼児教育を考える1つのきっかけを提示してくれている本であると思う。

2. ハロウェイその後

ハロウェイの調査から14年が経過し，今や日本の幼児教育は大きな転換期を迎えている。ハロウェイもこの本の中で，日本の園の多様性を「昔から引き継ぐものをもちながらもつねに変化し続けているアイデンティティをもっているという意味で」1本の巨大なしめ縄に例えているが，その傾向はより強まっているといっても過言ではない。

1998年に幼稚園教育要領が改訂されたこともあるが，それだけでなく，少子化や保護者のニーズという社会的な要因に，後押しされていることも少なくない。

公立の幼稚園は廃止されるところも多く，民間委託や，保育園との一元化なども加速しつつある。また，私立の幼稚園も少子化や保護者の園を選択する眼が厳しくなったことなどから，ほかの園との差別化のため，園独自の特色ある保育を進めたり，延長保育などを取り入れたりする傾向にある。

特に保育園との一元化，預かり保育など，保育時間が長くなる傾向は，保育内容にも大きな影響を及ぼしている。幼稚園では保育時間の延長にともない，教科的な学習より，生活の中での学びが重要視されてきているように思われる。

筆者の知る限り，ハロウェイの3つの分類のうち，最近は保育者が子ども1人ひとりと深く関わる「子ども重視型の園」がふえてきているように思う。これは，保護者が一斉保育よりも，自分の子どもをじっくりみてもらえる保育を望むようになってきているのも一因だと考えられる。

幼児教育関係の雑誌に長年関わってきた筆者は，今までに100近い園を取材してきたが，たとえば，都内の幼稚園では「関係重視型の園」が「子ども重視型の園」に方針を変更したことで，入園の受付日には，早朝から保護者が並ぶようになったという。

こういう園では，教科学習を重視する園や一斉保育をする園よりも，保育者のスキルが求められることになる。それは，子育て支援における育児相談などのためのカウンセリング，障害児の保育など，今までにない難しいテーマにも及んでいる。

とはいえ,「役割重視型の園」もいまだに人気で,子どもの数が減りつつある現在でも,600名もの園児が在籍している園も珍しくない。
　また,保育時間の延長によって,これら3つの分類がハロウェイの調査時より,さらに重複している傾向がある。
　たとえば,「子ども重視型の園」でありながら,預かり保育の時間には,外部の専門の教師が英語の授業をしたり,リトミックや体操を指導したりするという形である。
　2008年に再び幼稚園教育要領が改訂された。今後どのように幼稚園に反映されていくか,注目していきたいと思う。

　いずれにせよ,『ヨウチエン』は,アメリカの幼児教育研究者に日本の保育がどう映ったかというよりも,日本の子どもたちが幼稚園において,どのような育ちをしているかをマクロ的にみた書として,非常に興味深いものであり,園のあり方や子どもへのアプローチの仕方など,大いに考えさせられる要素をたぶんに含んでいる書であるといえるだろう。

●資料2

『子どもの心といきいきとかかわりあう――プロジェクト・アプローチ――』

L. カッツ・S. チャード（著）／小田 豊（監修）・奥野正義（訳）
2004年　光生館

1. 本の概要

　著者リリアン・カッツ（Lilian Katz）は，アメリカの代表的な幼児教育学者であり，プロジェクト・アプローチに関して，日本でも講演したことがあるので，ご存じの方も多いだろう。そのリリアン・カッツが，プロジェクト・アプローチの専門家シルビア・チャード（Sylvia Chard）とともに著わした本書は，イタリア北部の街「レッジョ・エミリア」での実践とその保育哲学，そして，アメリカにおける実践を紹介したものである。
　「系統的な教育」と「プロジェクト・ワーク」はどこがどう違うか，実践に移すときは，どういうことに注意すればよいかなど，プロジェクト・アプローチを通して子どもの心が成長していく過程を，非常に具体的でわかりやすく描いている。たとえば，第2章の「幼児期における実践の原則」で述べられている子どもに対する質問の仕方などは，新任の方の参考となることだろう。
　「レッジョ・エミリア」のプロジェクト・アプローチと聞けば，子どもたちのすばらしい作品の数々，そして，それを指導するアトリエリスタ（芸術専門家）の存在を思い浮かべ，日本の保育環境では実現が難しいとみる人も少なくない。しかし，本書を読むと，子どもたちの作品はレッジョ教育の副次的なもので，何よりもその教育哲学が評価されるべきことに気づかされる。「レッジョ・エミリア」とは教育的背景の違うアメリカにおいての取り組みは，日本におけるプロジェクト・アプローチ導入についても可能性を感じさせてくれ，自分の教育方法や状況と照らし合わせながら，実践例を読み解くことができるであろう。

2. 日本におけるプロジェクト型の保育

　日本の園の特徴の1つに，「行事の多さ」があげられると思う。節分，ひなまつり，こどもの日など「季節の行事」，入園式や卒園式，運動会など，「成長の節目としての行事」，そして，こま回し大会など「園独自の行事」……。行事を中心にカリキュラムが組み立てられていくといっても，過言ではない。日本の場合は，これらの行事の中にうまくプロジェクト型の保育を取り入れていくというのが，いちばん自然な形だと思われる。
　静岡県T幼稚園の年長児では，2学期の中頃からいろいろな物語に興味をもち，物語の続きを友だちと作り，小さな絵本にして楽しむ姿が見られるようになっていた。そこで，その物語を造形展のテーマとし，表現活動をすることになった。年中児や年少児も，年長

児の作ったお話を楽しみ，そのお話の中に登場する人物や物を作っていった。保育者は，子どもたちが「どんな素材で表現しようか」と話し合っているときに，「こんなものもあるよ」と適切な素材を提供していくなどの援助をしていく。具体的に作品に手を貸したりはしなかったそうだが，自分たちでお話のイメージを膨らませて表現された作品は，どれもカラフルで大人が思わず感嘆するようなアイデアに満ちていた。

　大人にやらされるのではなく，内発的動機づけにより，子ども自身が考え，作りあげていく行事は，日本的なプロジェクト型保育の1つの形といっていいのではないか。

　プロジェクト型の保育においては，子どもどうしの対話，保育者と子どもとの対話が非常に重要視される。上記の園においても，子どもどうしの対話の中で，お互いを認め合ったり，自主的に意見を調整したりする姿が多く見られた。また，子どもとキャッチボールをするときは，子どもの運動能力に応じて，ボールの投げ方を調節しなければならないのと同じように，言葉のキャッチボールをするうえでも，保育者は子どもたち1人ひとりの発達の程度を見きわめて言葉を返していかなければならない。これは，大人主導の教科学習的な保育よりも，保育者個人のスキルが要求される。基本的な概念などは本を通じて学ぶこともできるが，大事なのは，やはり，日々の保育の中での実践の積み重ねであろう。そして，その実践を客観的に見てくれる仲間がほしい。仲間どうしでお互いの保育を評価し合い，反省し，次の保育に反映していくことこそが大事なのだと思う。

3. 関連するほかの文献

　「レッジョ・エミリア」の保育やアメリカでの実践の入門書としては，『レッジョ・エミリア　保育実践入門——保育者はいま，何を求められているか——』(J. ヘンドリック編著　石垣恵美子・玉置哲淳監訳　2000年　北大路書房）も，アメリカ教育界における実践，ドキュメンテーション（保育の記録）の意味や記録の方法，そこから生まれる考察について描かれていて興味深い。

　また，レッジョの教育哲学の根幹でもある発達の最近接領域，それを提唱したヴィゴツキー（L.S. Vygotsky）に関しての入門書としては，『ヴィゴツキーの新・幼児教育法——幼児の足場づくり——』(L.E. バーク・A. ウインスラー著　田島信元・田島啓子・玉置哲淳編訳　2001年　北大路書房）がある。

　『子どもの心といきいきとかかわりあう——プロジェクト・アプローチ——』とともに，これらの文献が「プロジェクト型の保育」を理解しようとするときの一助となるであろう。

■ 執筆者一覧（執筆順）

角尾　和子（編者）：1-1・2, 1-4, 1-5, 3-1-1, 3-1-3・1・3
塚岡　典子（元・まんとみ幼稚園）：1-1事例, 2-5-4-4
岩井　智榮（元・向南幼稚園）：1-1図版, 2-5-4-4
市川　薫子（大和幼稚園）：1-2, 1-3-1
福浦江里子（元・ぶどう幼稚園）：1-3-2, 2-5-4-4
大塚　恵美（浦安市立明海幼稚園）：1-4-1, 2-5-4-4
西岡　桃子（横浜市立芦穂崎保育園）：1-4-2, 2-5-4-4
江川実奈子（習志野市立谷津保育所）：1-5-1, 2-5-4-4
小川麻友美（元・私立幼稚園）：1-5-2, 2-5-4-4
安見　克夫（東京成徳短期大学）：1-6
木下龍太郎（山梨大学名誉教授）：2-1
泉　千勢（大阪府立大学）：2-2
ポーター倫子（ワシントン州立大学）：2-3, 2-5-1・2・3, 2-5-4-1・2・3（蝶の事例加筆）
小川　清美（東横学園女子短期大学）：2-4
寒河江芳枝（浦和大学）：2-5-4-3（蝶の事例訳出）, 2-5-4-4
松永久美子（元・保木間幼稚園）：2-5-4-4
荒木　紫乃（鶴見大学）：3-1-2-1
野尻　裕子（川村学園女子大学）：3-1-2-2
宮崎　芳枝（八幡幼稚園）：3-1-3-2
小杉　真紀（保育ジャーナリスト）：3-1-3-2, 資料1・2

■ 編者紹介

角尾和子（すみお・かずこ）

 1925年 東京都に生まれる
 1945年 東京第一師範学校女子部卒業
 1952年 早稲田大学第二文学部(哲学系心理専修)卒業

終戦の年から，川村学園女子大学にて定年退職（2001年）まで57年間，公立，国立，私立の小学校・幼稚園，教員養成大学，専門学校等で幼児，児童，学生の指導に当たる。

その間，教育し保育する実践の中で「子どもは自ら学ぶ」「教師は授業の方法を変え，学びをたすける人に」と考えるようになった。

「幼児の生活とその導き方」「幼い子どもたちの絵をみるために」「ひろがる表現活動」など共著。「児童文化の研究」「豊島区保育園史」「幼稚園教育実習必携」「保育原理——幼児教育の原理と方法——」「保育内容・表現」など編著。その他，著書多数。

プロジェクト型保育の実践研究
——協同的学びを実現するために——

| 2008年7月20日 | 初版第1刷印刷 |
| 2008年7月30日 | 初版第1刷発行 |

＊定価はカバーに表示してあります。

編著者　角尾和子
発行所　㈱北大路書房

〒603-8303　京都市北区紫野十二坊町12-8
電話　(075) 431-0361(代)
FAX　(075) 431-9393
振替　01050-4-2083

ⓒ2008　制作／桃夭舎　印刷・製本／㈱太洋社
JASRAC 出 0807678-801
ISBN 978-4-7628-2611-5
検印省略　落丁本・乱丁本はお取替え致します。
Printed in Japan